Hotels mit Meerblick

JÖRG BERTRAM
ALEXANDER HAIDEN

Hotels mit Meerblick

Die schönsten Adressen an Europas Küsten

KNESEBECK

Inhalt

Mehr Meer erleben

Von Gotland bis Gran Canaria und vom westlichsten Zipfel Portugals bis zum östlichen Ende des Mittelmeers – für dieses Buch haben wir unzählige Flug- und Seemeilen zurückgelegt, um in ganz Europa beinahe ebenso viele Hotels am Meer zu besuchen, wie es dort Sand, Kieselsteine und Felsen gibt.

Unsere 29 Favoriten zeigen wir Ihnen hier. Sie finden sie im Buch übersichtlich nach Ländern geordnet, wobei wir absichtlich keine leicht überschaubare Reihenfolge der Länder gewählt haben, damit Sie einmal ganz frei in alle Himmelsrichtungen nach Ihrem Traumort am Meer suchen. Alle Hotels eignen sich auch für die verschiedensten Jahreszeiten und Anlässe: Wir haben auf unseren Reisen festgestellt, »Urlaub am Meer«, das ist eben nicht nur zwei Wochen Sommer, Strand und Sonnenschein, sondern auch ein wunderbares Schlechtwetterwochenende auf Sylt, an dem es zumindest für unseren Geschmack gar nicht genug regnen und stürmen konnte. Oder ein winterlicher Spontantrip an die Côte d'Azur, wo im Februar bereits die Mimosen blühten und wir schon ohne Daunenjacke vor die Hoteltür gehen konnten. Und manchmal ist solch ein Urlaub sogar eine richtige Zeitreise, wie wir sie zum Beispiel auf der Insel Muhu in der Ostsee oder auf Panarea, einem Mini-Eiland im Tyrrhenischen Meer erlebt haben …

Wie bei unserem erfolgreichen letzten Band, den *Alpenhotels*, haben wir uns bei der Auswahl der einzelnen Häuser auch dieses Mal weder von verliehenen Sternen noch von klangvollen Namen blenden lassen. Unsere »Hotels mit Meerblick« überzeugen auch so – durch ihre Schlichtheit oder ihren Luxus, ihr grünes Gewissen oder ihren glamourösen Habitus, durch ihre Größe oder die Tatsache, dass sie gerade einmal über sechs Zimmer verfügen und man sich sein Glas Wein einfach selbst in der Küche einschenkt.
Vor allem aber überzeugen unsere Hotels dadurch, dass sie die richtigen Häuser am richtigen Ort sind. Lauter Lieblingsadressen eben, an denen Sie mehr Meer erleben können!

Jörg Bertram
Alexander Haiden

3,14

CANNES

5 Meter sind es bis zum Carlton, 50 Meter zur Croisette und 500 Meter bis zur nächsten Chanel Boutique – und doch liegen Welten (und sogar sämtliche Kontinente, doch dazu später mehr) zwischen dem 3,14 und dem Rest von Cannes' »Goldenem Dreieck«. Oder um es mit den Worten von Hotelbesitzerin Karine Ellena-Partouche zu sagen: »Que vous soyez d'ici ou d'ailleurs, peu importe, içi vous êtes ailleurs.«
Frei übersetzt: »Ob ihr von hier seid oder anderswoher kommt, ist ganz egal, denn hier bei mir seid ihr sowieso alle im Anderswo.« Und da Madame diesen Spruch so sehr mag, hat sie ihn auf jeder möglichen und vielen unmöglichen Stellen im Hotel verewigen lassen: auf Fenstern und Lifttüren, Speisekarten und Servietten, Telefonkabeln und Streichholzbriefchen sowie auf den Sonnenhüten und Flip-Flops, die als Gastgeschenke in den Zimmern und Suiten ausliegen. Wie anders ihr »Anderswo« tatsächlich ist, wird schnell klar, sobald man von einem der Pagen, die eigenartige Beinkleider, halb Rock, halb Hose, tragen, vom eigenen Wagen über das kristallfunkelnde Hotelentree in die Lobby geleitet wird. Links sieht man den Concierge-Desk mit einer lebensgroßen Plastikkuh davor, rechts die Rezeption, hinter der ein Papageienpärchen aufgeregt herumflattert, und in der Mitte einen Murano-Springbrunnen mit einem Gartenzwerg darauf.
Voilà: das Hotel 3,14 – eine Lifestyle-Luxusherberge, die nach der Zahl Pi benannt wurde und die sich nach Bekunden ihrer Besitzerin ebenso irrational, mysteriös und unfassbar wie der Namensgeber präsentieren möchte!

Sie finden, das klingt alles ganz schön abgehoben? Nun, bisher befinden wir uns noch mit beiden Beinen auf dem Boden: »The Earth« heißt das Erdgeschoss des Hauses, in dem auch die Bibliothek, die Bar, das Bio-Restaurant, der kleine Garten mit den kunstgrasbezogenen Möbeln und die Lounge der einmal wöchentlich anwesenden Wahrsagerin untergebracht sind. Bis zur obersten Etage, »Sky« genannt, müssen wir noch einen langen Weg zurücklegen, der uns wie angekündigt einmal um die ganze Welt führen wird. *Mesdames et Messieurs:* Bitte steigen Sie ein in den Lift mit den blinkenden Lichterketten an der Decke und begleiten Sie uns nach oben …

Premier arrêt: »America« – die erste und farbenfroheste Etage, karibisch-bunt und herrlich kitschig. Hier treffen Sie auf Suiten mit Sitzsäcken aus den Siebzigern und auf die wahrscheinlich schwindelerregendste Wandbemalung seit Erfindung der Pop-Art.

Deuxième arrêt, zweite Etage: »Africa« – so opulent und orientalisch wie ein Märchenpalast. 1001 Nacht lang könnte man hier träumen, hätte man bloß die Zeit – und das Geld.

Troisième arrêt, dritte Etage: »Oceania«. Das ganze Stockwerk gleicht einer Südseeinsel: hell, heiter, harmonisch und von den riesigen Bastkissen auf dem Boden bis zu den Palmblattvorhängen an den Fenstern ist jedes Detail ebenso exotisch wie naturnah.

Quatrième arrêt, vierte Etage: »Europe« – Willkommen, *Bienvenue, Welcome* im Paris der Belle Époque! Ein Freuden-Floor in Puffrot und Plüsch. Perfekt für Paare, denen das Himmelbett im Zimmer wichtiger ist als die Liege am hoteleigenen Strand.

Cinqième arrêt, fünfte Etage: »Asia« – Wohnen wie in einem modernen japanischen Zenkloster oder vielleicht doch lieber wie in einer altchinesischen Opiumhöhle? Wofür man sich auch entscheidet: Die bis in das kleinste Detail nach den Lehren des Fengshui aus- und eingerichteten Zimmer garantieren, dass man sich hier wohl fühlt.

Sixième arrêt, sechste Etage: »The Sky« – himmlisch relaxen unter freiem Himmel! Hoch über dem Strand und mit Traumblick auf das Meer und die Berge kann man im Pool auf dem Dach seine Runden drehen, sich massieren lassen, einen Drink nehmen oder einfach nur vom Ruhebett aus den anderen Hotelgästen beim Yoga zuschauen.

So ruhig und entspannt geht es hier oben allerdings nur tagsüber zu: An Sommerabenden verwandelt sich die Terrasse des 3,14 nämlich in eine der angesagtesten Partylocations zwischen St. Tropez und Monaco. Fêtes Blanches, Tropische Nächte oder einfach nur das Leben – irgendetwas gibt es immer zu feiern, und irgendein Star taucht garantiert auf. Denn das 3,14 ist *très hot*, und wenn seine Besitzerin zu ihrer Peace-Gala einlädt, dann kommen sie alle – von Denis Hopper

über Sharon Stone bis hin zu Naomi Campbell (die inzwischen allerdings Hausverbot hat; aber das ist wieder eine ganz andere Geschichte, in der es um verlegtes Geschmeide, großes Geschrei und einen kleinlauten Abgang geht). Der Ruf von Madame Partouche als Gastgeberin ist legendär – was sicherlich auch daran liegt, dass sie vor ihrer Hochzeit mit Monsieur Partouche, einem vermögenden Hotel- und Casinobesitzer, als PR-Agentin im Filmbusiness gearbeitet hat und aus dieser Zeit noch Gott und die gesamte Glamourwelt kennt. Doch große Namen hin und Festspiel-Feierlichkeiten her, viel lieber empfängt Madame junge Künstler und Kreative, die sich abseits des Mainstream bewegen. Regelmäßige Vernissagen mit Gemälden, Fotografien, Skulpturen oder Videoinstallationen sowie Partys, bei denen die Gäste durch das gesamte Haus flanieren dürfen, um sich in jeder Suite und auf jedem Stock von einem anderen DJ beschallen zu lassen – solche Events sind Karine Partouche nicht nur ein Anliegen, sondern haben das 3,14 auch schnell zum Hotspot an der sehr schicken, aber alles andere als coolen Côte d'Azur werden lassen. Als zufällig anwesender Hotelgast sollte man solche Events entweder mögen und mit-

feiern oder bereit sein, die Nacht mit Ohrenstöpseln im Zimmer zu verbringen! Apropos Ohrenstöpsel: Die befinden sich zusammen mit Gleitgel, Mini-Vibrator, Kondom und anderen Aufmerksamkeiten in einer kleinen *Love Box*. Und diese wiederum liegt genau da, wo sie hingehört: auf dem Bett – genau da, wo man in anderen Hotels bestenfalls ein Täfelchen Schokolade oder (weniger geschmackvoll) ein zum Schwan gefaltetes Handtuch vorfindet …

Solche Specials sind tatsächlich sehr speziell, aber Madame weiß eben, worauf es beim Reisen – zumindest manchmal – ankommt. Schließlich sind sie und ihre Schwester Alexandra, die für das gesamte Interior-Design im 3,14 verantwortlich zeichnet, als Töchter eines Air-France-Piloten an den exotischsten Orten der Welt groß geworden. Etwas, an das sich beide bis heute erinnern, sind »die unterschiedlichsten Gerüche, die durchs Schlafzimmer strömten, sobald unser Vater nach einem langen Flug nach Hause kam und den Koffer öffnete. Wir wussten dann sofort, ob er in Asien, Afrika oder Amerika gewesen war. Nennen Sie mich ruhig verrückt, aber ich wollte, dass genau diese Gerüche auch durch die Etagen des 3,14 ziehen, und deshalb haben wir für jede Hoteletage einen eigenen Duft entwickeln lassen, der über die Air-Condition in die Zimmer und Gänge strömt.«

Dafür – und für vieles andere in ihrem Hotel – könnte man Madame tatsächlich für »verrückt« halten, aber man kann das alles auch einfach nur wunderbar finden.

Hôtel des Ormes

BARNEVILLE-CARTERET

Bon, bringen wir es also gleich hinter uns: *Oui*, es gibt einen Grund dafür, dass Barneville-Carteret selbst bei eingefleischten Normandie-Fans ziemlich unbekannt ist. Und *non*, das liegt nicht daran, dass sich das 2300-Seelen-Dorf ganz am westlichen Ende Frankreichs befindet. Es liegt am knapp 45 Kilometer entferneten La Hague, dem atomaren Mülleimer der Welt. Seit diese sogenannte Wiederaufbereitungsanlage Ende der Sechzigerjahre eröffnet wurde, hat sie vor Ort zwar jede Menge Arbeitsplätze geschaffen, für den Tourismus in der Region war sie jedoch alles andere als zuträglich. Man muss also schon ziemlich wagemutig sein, um in der näheren Umgebung in ein Hotel zu investieren, oder aber schwer verliebt in diese einzigartige Landschaft mit ihren schroffen, vor Mineralien nur so glänzenden Steilküsten, ihren unendlich weißen und weiten Sandstränden, den hagebuttenhecken- und steinwallumzäunten Weiden sowie windschiefen Fischerdörfchen. Bei Flavia und José de Mello – sie gebürtige Brasilianerin, er ursprünglich aus Portugal – war es wohl eine Mischung aus beidem, die sie 2004 dazu bewegte, das in die Jahre gekommene Hôtel des Ormes am Yachthafen von Barneville Carteret zu kaufen. Mit viel Liebe zum Detail

hôtel des ormes
hôtel des ormes

CHOCO
BISCU

und noch mehr gutem Geschmack haben sie ihr »Gasthaus zu den Ulmen« damals renoviert und um drei zusätzliche Zimmer erweitert. Heute hat man als Gast die Qual der Wahl zwischen zwölf individuell eingerichteten Kämmerchen mit See- oder Gartenblick. Und während man sonst eigentlich automatisch nach der Aussicht aufs Meer verlangt, fällt einem die Entscheidung im Des Ormes sehr viel schwerer. Immerhin bedeutet hier »Gartenblick« mit Aussicht auf Palmen, Rosensträucher und ein Bilderbuchdorf vor dem Fenster aufzuwachen …

Doch noch einmal zurück: Beginnen wir diesen Besuch an der Rezeption, die gleichzeitig auch als kleine Bibliothek und zusätzlicher Salon dient. So wie sämtliches Mobiliar im Haus stammen die deckenhohen Eichenregale, Stehlampen, Couchtische, Sofas und Teppiche vom belgischen Interior-Label Flamant. Das ist bekannt für seinen eleganten und gleichzeitig sehr modernen und wohnlichen Landdhausstil. Country-Chic ganz ohne Blümchenkitsch also, dafür aber mit sehr viel Farbe: Fast jede Wand im Haus ist in einer anderen Grau-, Beige- oder Blaunuance gestrichen – und eigentlich möchte man hinter jede Zimmertür schauen, um so viele Eindrücke wie möglich zu gewinnen. Im Gegensatz zu den anderen Gästen durften wir das tatsächlich tun. Daher unser Tipp: Reservieren Sie das gemütliche Dachschrägenzimmer Nummer acht oder die helle Minisuite Nummer elf im Nebenhaus!

Verantwortlich für den heimeligen Look ist die Hausherrin höchstpersönlich. Ganz egal, ob es nun darum geht, wie Kissen und Plaids ganz besonders kunst-

voll auf den Betten zu drapieren sind oder welche Blumen und Zeitschriften die Regale füllen dürfen – kein Detail entgeht ihrem gestrengen Auge. Und da ihr das Einrichten nicht nur unglaublich viel Spaß macht, sondern auch jede Menge Komplimente und Anfragen einbrachte, hat sie ein paar hundert Meter vom Hotel entfernt, in der Hauptstraße von Barneville-Carteret, eine kleine Wohn-Boutique mit all den hübschen Accessoires eröffnet, die das Des Ormes auszeichnen. Hier findet sich zum Beispiel auch das Geschirr, auf dem im Hotelrestaurant Le Rivage morgens ein kleines Frühstück und abends ein großartiges Souper serviert werden. Küchenchef Anthony Riche hat sein Handwerk einst bei Alain Ducasse erlernt, der als erster und einziger Cuisinier weltweit zweimal drei Sterne erkochte. Das schmeckt man Riches Gerichten bis heute an! Seine Hummer-Kreationen – allen voran das Cassolette auf Basilikum-Sabayone – sind inzwischen so berühmt, dass für sie sogar Wochenend-Kochkurse angeboten werden (mehr dazu im Infoteil auf S. 188). Aber auch ein ganz »normales« Abendmenü im Rahmen der gebuchten Halbpension ist eine kulinarische Offenbarung. So wurden uns zum Beispiel als Vorspeisen frische Austern gefolgt von einem Crevetten-Cocktail auf Zitrusfrüchtegelee und Avocado-Püree serviert. Als Hauptgang gab es Rotbarbenfilet aus dem Ofen auf Kartoffelpfannkuchen mit Trüffelessenz

und Fleur de Sel beziehungsweise Lamm mit Polenta à la Tapenade sowie jungem Gemüse. Nach einer feinen Auswahl heimischer Käse überraschte uns die Küche schließlich noch mit einer warmen Apfelpastete, köstlicher Calvados-Creme und Karamell-Salzbutter-Eis.

Klar, dass solche, Sünden, die jede einzelne Kalorie wert sind, am nächsten Tag abtrainiert werden müssen! Deshalb entschieden wir uns gegen einen faulen Tag am Strand und für eine Fahrradtour zum Chateau de Vauville. Der über die Jahrzehnte auf vier Hektar und über tausend subtropische Pflanzenarten angewachsene botanische Garten der Familie Pellerin sucht weltweit seinesgleichen und verdankt seine urwaldartigen Auswüchse jenem ganz speziellen, nur geringen Temperaturschwankungen unterworfenen Mikroklima der Region. Vergleichbares Wetter findet man nur in Teilen von Südafrika, Nordindien, Neuseeland, Japan und Chile. Wären wir am Vorabend nicht so spät und so weinselig in die Betten gefallen, hätten wir statt dem Schloss aber auch Jersey oder Guernsey besuchen können. Die Fährpassagen dauern schließlich keine Stunde, und die Boote legen fast direkt vor dem Hotel ab – wenn auch viel zu früh am Morgen … Doch warum auf die Kanalinseln übersetzen, wenn es sich auf dem Festland wie Gott in Frankreich lebt – sieht man von La Hague, dem Wermutstropfen im Paradies, einmal ab.

FRANKREICH

Hôtel Pastis

ST. TROPEZ

»Der warme, verführerische Süden, mit seinem strahlend hellen Licht, der samtweichen Luft, dem lavendelfarbenen Abendhimmel. Und kein Vorstand weit und breit …«
Kommen Ihnen diese Zeilen nicht bekannt vor? Ja, aber woher? Gut, ich gebe Ihnen noch einen Hinweis:
»Es war natürlich lächerlich. Er hatte von Hotelführung keine Ahnung, und es war schon ein Fulltimejob, das Haus zu restaurieren. Dann musste Personal gefunden, das Geschäft aufgebaut werden. Jedenfalls war es eine große Sache, nicht etwas, was er, in einer Werbeagentur in London sitzend, nebenbei erledigen konnte.« Und weiter: »Er dachte darüber nach, dachte an die Art von Hotels, in denen er sich gerne aufhielt: klein, freundlich, einfach und bestens geführt. Ob er ein Hotel führen könnte?«
Na, immer noch nicht erraten? Das ist aber jetzt das letzte Zitat:
»›Wir brauchen einen (Hotel-)Namen. Etwas Ausgefallenes, was man sich leicht merken kann. Und was auch Ausländer leicht ausprechen können.‹
›Genau. Etwas möglichst Kurzes. Es muss sich für ein gutes einprägsames Logo eignen.‹
›Mal überlegen. – Lavendel, Thymian, Rosmarin, das Licht. Cézanne, Mistral, van Gogh …‹
›Pastis?‹
›Was?‹
›Pastis!‹«
Genau! Was Sie da gerade gelesen haben, stammt aus dem Bestseller *Hotel Pastis* von Peter Mayle. Darin geht es um einen Londoner Art Director in der Midlifecrisis, der seinen Job ebenso leid ist wie seine Frau und seine Heimatstadt. Es zieht ihn in

den französischen Süden, wo er nach etlichen *petites catatrophes* sein Traumhotel und die *grand amour* findet.
Warum wir Ihnen diese Geschichte erzählen?
Weil sie so – oder zumindest sehr, sehr ähnlich – auch die Geschichte von John Larkin, dem Helden und Hotelier unseres Berichtes ist. Larkin war nämlich ebenfalls ein erfolgreicher Londoner Werber und vor ein paar Jahren bereit für den großen Absprung. Allerdings hat er seine Frau Pauline damals mitgenommen anstatt sie, wie Mayles Romanheld, großzügig abzufinden. Gelandet sind die beiden in St. Tropez. Ihr kleines Hotel am Ortseingang übersieht man selbst als Ortskundiger schnell, weil es so unscheinbar ist. Sein Name – wie könnte es jetzt auch anders sein: Hôtel Pastis. Und ja, Peter Mayle war auch schon dort und so begeistert, dass er gleich elf signierte Exemplare seines Werkes (in jeder übersetzten Sprache eines) zurückgelassen hat.
So, jetzt aber genug vom Buch und mehr vom echten Hôtel Pastis: 18 Monate haben die beiden »verrückten Engländer«, wie sie damals noch von den Einheimischen genannt wurden, gebraucht, um das völlig heruntergekommene Anwesen umzubauen und zu renovieren. Und obwohl von den Eichenböden bis zu den Deckenbalken inzwischen alles neu und auf zeitlose Art auch modern ist, fühlt man sich hier so gar nicht wie im durchgestylten Luxushotel, sondern eher wie im Ferienhaus besonders geschmackvoller Freunde. Das liegt zum einen natürlich an den gerade einmal sieben Zimmern, über die das Pastis verfügt. Mehr als eine Handvoll weiterer Gäste wird man hier nie am palmenbestandenen Pool frühstücken oder faulenzen sehen. Auch auf dem kleinen Bouleplatz, der zusammen mit den liebevoll zusammengestellten DVDs und Büchern auf den Nachttischen die einzige Form von Hotel-Entertainment darstellt, wird einen keiner so schnell beim Ruhige-Kugel-Schieben stören. Zum anderen liegt das aber auch an John und Pauline, die in dieses Haus viel geliehenes Geld und noch mehr eigene Persönlichkeit hineingesteckt haben. Nehmen wir zum Beispiel »nur« einmal ihre über sämtliche Zimmer, Gänge und öffentlichen Bereiche verteilten Grafiken, Gemälde, Pop-Art-Poster, sowie die gerahmten Plattencover und Museumsshop-

Tüten aus aller Welt. Mit den üblichen Kunstdrucken an den Wänden anderer Hotels hat das wenig zu tun. Ganz im Gegenteil, hier zeigen und teilen zwei Liebhaber ihre über Jahrzehnte mit viel Herzblut und Kompetenz zusammengetragene Sammlung. Es sind Werke von wahrem – mitunter finanziellem, stets jedoch von unschätzbar individuellem – Wert. Wer will, kann sich von den beiden die Geschichten zu den einzelnen Exponaten erzählen lassen. Wir haben so bei einem Glas Rosé von John und Pauline erfahren, dass uns auf dem stillen Örtchen ein echter David Hockney ins Auge sticht und dass unser Blick vom Bett aus auf einen original Roy Lichtenstein fällt. Doch es ist nicht nur die Kunst, die sich in den Zimmern sehen lassen kann. Mit ihren ausgesuchten Designklassikern, dem perfekt restaurierten Mobiliar von den besten Antiquitätenhändlern und Flohmärkten im Umland, den riesigen Kupferbadewannen, altenglischen Armaturen und der hübsch aufgereihten Côté-Bastide-Kosmetik auf den Naturstein-Waschbecken könnte man jedes Zimmer, so wie es ist, auch für ein Hochglanz-Wohnmagazin ablichten – Thema: »Der neue Côte-d'Azur-Chic«. Selbst die Detailaufnahmen bekäme man mühelos zusammen: hier ein Plaid aus provenzalischer Manufaktur, dort ein strahlend weißes Spitzenkissen und dann vielleicht noch die weitgeöffneten Flügeltüren, in denen handgewebte Leinenvorhänge im Wind flattern …

Schade nur, dass weder Hochglanzmagazin noch Buch in der Lage sind, außerdem auch noch diese himmlische Ruhe zu vermitteln, die hier herrscht. Denn obwohl das Pastis direkt an der Hauptstraße, gegenüber den großen Parkplätzen liegt, ist auf den zum Innenhof gelegenen Balkonen und Terrassen bestenfalls das Summen der Bienen zu hören, die sich zwischen so vielen Rosmarinbüschen, Buchskugeln, Feigenbäumen und Lavendelstauden gar nicht entscheiden können. Wem so viel Stille in einer Society-Hochburg wie St. Tropez eher gespenstisch vorkommt, der spaziert keine zehn Minuten vom Hotel zum Hafen, wo es von Anfang Mai bis Ende September an jedem Abend verlässlich laut und lustig zugeht. Und wo bitte geht es an den Strand? Vom Pastis aus zweimal links und dann ein paar Kilometer geradeaus. Die bekannten Beach Clubs, wie zum Beispiel das 55, Tahiti, Nioulargo oder Nikki, befinden sich nämlich alle außerhalb der Stadt am Plage de Pampelonne. Auf dem Weg dorthin bietet die Lage des Pastis übrigens einen enormen Standortvorteil, da man sich das allmorgendliche Im-Stau-Stehen spart. Die so gewonnene Zeit investiert man am besten in ein weiteres Croissant und noch einen Café au lait im Hotelbistro, das gleichzeitig auch als Lobbybar dient. Übrigens: Ein paar Seiten Mayle weiterlesen lohnt sich bei dieser Gelegenheit auch. Wir wollen ja nicht zu viel verraten, aber gegen Ende des Buches träumt der Romanheld von einem weiteren Hotel – und ist damit mal wieder sehr nah dran an der wahren Welt von John und Pauline Larkin …

Normandy Barrière

DEAUVILLE

Wenn New Yorks Upper Class am Wochenende die Stadt verlässt, dann zieht es sie in die Hamptons. Ähnlich handhaben es die Hamburger mit Sylt und die Mailänder mit Portofino. Und wohin fährt die feine Pariser Gesellschaft? An den Ärmelkanal nach Deauville, dem inoffiziellen »21. Arrondissement« der französischen Hauptstadt, knapp 200 Kilometer und je nach Freitagnachmittagsverkehr bis zu vier Stunden vom Zentrum der Millionenmetropole entfernt. Wer hierherkommt, trifft mit beinahe verlässlicher Wahrscheinlichkeit die gleichen Leute, mit denen er auch unter der Woche in der Stadt verkehrt. Nur trifft er sie hier nicht im Privatclub oder in der Operá-Loge, sondern auf der Rennbahn oder dem Golfplatz. Das ist bereits seit 1858 so. Damals kam Charles de Morny, ein Halbbruder Napoleons III., auf die Idee, im Sumpfland hinter dem schneeweißen Strand eine Stadt zu errichten. Vier Jahre dauerten die Bauarbeiten, dann war Deauville, dessen Straßen und Plätzen man bis heute die Planung am Reißbrett ansieht, fertig. Und da Monsieur Morny auch an eine direkte und bequeme Eisenbahnanbindung gedacht hatte, kamen die Reichen, Schönen, Klugen und Kreativen schon bald in Scharen. Marcel Proust

Dior

war in Deauville ebenso Stammgast wie Gustave Flaubert, Claude Monet, André Citroën oder Josephine Baker. Coco Chanel begann 1913 hier in einer kleinen, bis heute bestehenden Boutique ihre Karriere als Modemacherin (nachdem sie bis dahin in Paris nur Hüte entworfen hatte). Jahrzehnte später folgte ihr Yves Saint Laurent, der vor Ort eine riesige Villa besaß. Seitdem es in Deauville ein bekanntes Filmfestival gibt, kommt auch halb Hollywood. So soll Angelina Jolie zum Beispiel ebenso Stammgast sein wie Julia Roberts.

Warum wir Ihnen all das erzählen? Weil all diese Geschichten und Menschen auch ein Teil des Normandy Barrière sind, der lebendig wird, sobald man seine Drehtüren durchschritten hat. Seit seiner Eröffnung im Jahre 1912 gilt dieses Grandhotel am Meer als der gesellschaftliche Mittelpunkt des Weltdorfs. Alle kommen, um zu sehen und gesehen zu

werden – auch wenn es keiner jemals zugeben würde. Wäre ganz Deauville ein einziges großes Haus, das Normandy Barrière wäre wohl sein Wohnzimmer. Oder wie die Pariser Tageszeitung *Le Figaro* schrieb: »Das Normandy Barrière ist die einzige 300-Zimmer-Villa der Welt.«
Trotz seiner Größe geht es hier nämlich erstaunlich intim und unaufgeregt zu – was sicherlich auch daran liegt, dass es im Haus nicht allzu viel zu tun und zu erleben gibt. Neben der Bar Américain, in der an kalten Nachmittagen ein Kaminfeuer prasselt, der *pianoman* klimpert und mehr als 120 Whiskeysorten darauf warten, degustiert zu werden, gibt es noch das hochherrschaftliche Restaurant La Belle Epoque. Es sieht genau so aus, wie es sein Name und seine Lage vermuten lassen: bemalte Stuckdecken, funkelnde Luster, geraffte Seidenvorhänge, schwere Mahagoni-Stühle mit Châteauneuf-du-Pape-roter

Polsterung … Serviert wird hier gehobene französische Hotelküche – sehr gut, wenn auch nicht sehr innovativ. Dafür ist der Sonntagsbrunch, bei dem sich die Büfettstationen nur so biegen vor frischen Austern, zartem Lammbraten und einer nicht enden wollenden Auswahl heimischer Käse, jedoch ein echtes Erlebnis – kulinarisch und gesellschaftlich. Viel mehr hat das Erdgeschoss des Hauses nicht zu bieten – wenn man einmal von der überdachten Schwimmhalle in einem der Innenhöfe mit Zugang zu einem kleinen Spa absieht.

Warum sich *tout* Deauville und halb Paris trotzdem so gerne hier aufhalten und das Haus mit der Fachwerkfassade, den unzähligen Türmchen und Erkern und den vielen Tierfiguren auf dem Dach so viele Stammgäste zählt? Weil knarzende Holzböden, meterhohe Blumengestecke, brokatbezogene Ohrensessel in den Salons und eigenwillig bunte Seidentapeten in den Gängen offensichtlich auch in Zeiten puristischer Designerherbergen nichts von ihrer Faszination eingebüßt haben. Und weil das Normandy Barrière seine Geschichte bis heute lebt und nie aufgehört hat, sich selbst als Grandhotel zu zelebrieren. Das fängt schon bei der Ankunft an – am besten fährt man mit einem Rolls-Royce oder wenigstens einem Range Rover vor: livirierte Pagen hier, ein Wagenmeister da und dazwischen jede Menge gute Hotelgeister, die nicht müde werden, sich danach zu erkundigen, ob Monsieur eine gute Anreise hatte, das vorherrschende Wetter für Monsieur nicht zu warm, zu kalt, zu feucht oder zu trocken sei und ob es Monsieur mit Verlaub genehm wäre, sich das Öffnen der Schubladen und das Betätigen der Toilettenspülung im Zimmer erklären zu lassen. Doch eigentlich möchte Monsieur in seinem eigenen kleinen Reich nur allein sein, um sich umzusehen. »Bourgeois« beschreibt das, was er da sieht, wohl am treffendsten: Toile-de-Jouy-Tapeten, deren Muster sich auf den Vorhängen, Bettdecken und Stuhlbezügen wiederholt, funkelnde Kristalllampen, elegantes altes Mobiliar – im Normandy Barrière kann eben nichts zu altmodisch sein, und zu viel Dekor ist hier gerade einmal gut genug.

Apropos zu viel: Geld im Überfluss kann man im Casino spielend leicht wieder loswerden, das ebenfalls zur Lucien-Barrière-Gruppe gehört und über die Straße oder durch einen privaten Tunnel zu erreichen ist. Angeblich soll diese großartige Location James-Bond-Erfinder Ian Fleming damals sogar zu seiner ersten Agenten-Story *Casino Royale* inspiriert haben. Ob das der Wahrheit entspricht, steht bis heute nicht wirklich fest. Sicher ist jedoch, dass man über Deauville und das Normandy Barrière mehr als nur einen Roman schreiben könnte.

SCHWEDEN

J

STOCKHOLM

»Eine Stadt mit Wasser ist immer schön.« Zugegeben, der Satz klingt etwas trivial, stammt aber von Kurt Tucholsky. Und der hatte mit seinen Bonmots fast immer Recht. Im konkreten Fall müssen wir ihm jedoch widersprechen, denn die Stadt, die er in seinem Roman *Schloss Gripsholm* beschreibt, ist Stockholm. Und Stockholm ist nicht einfach nur »schön«, sondern zumindest wunderschön! Stockholm ist das Hoch im Norden – so sauber, dass man in seinem Stadtzentrum Lachse angeln kann, so trendy, dass es sein In-Viertel Södermalm locker mit SoHo in New York aufnimmt, so idyllisch, dass man sich in seiner Altstadt, der Gamla Stan, um Jahrhunderte zurückversetzt fühlt, und dank Wasser, Weite und weltoffener Gesinnung so lebenswert, dass es regelmäßig in den Rankings der weltbesten Städte ganz oben angesiedelt ist.

Ja, wir lieben Stockholm, und wenn es trotzdem etwas gab, das uns bislang missfiel, dann war das unser nicht zu bändigender Neid auf seine Bewohner, die sich in den »weißen« Juninächten und an allen Schönwetter-Wochenenden in ihre Ferienhäuser auf die der Stadt vorgelagerten Schären zurückziehen konnten. Nicht dass so ein Sommerabend in der Stadt etwa langweilig wäre! Ganz im Gegenteil: Bis weit nach Mitternacht wird dann draußen gegessen, getrunken, flaniert, und man freut sich darüber, dass es einfach nicht richtig dunkel werden will. Aber die Vorstellung, nach einem Tag in der Stadt ins Meer springen zu können oder barfuß über die Wiese zu laufen und dabei nichts als Natur, kleine rote Holzhäuschen und absolute Ruhe um sich herum zu sehen und zu spüren, hat schon etwas sehr Faszinierendes …

1912
CW
AV

VÄLKOMMEN TILL J's KAFFEBUFFE!
*THE 25:-
*ENKEL ESPRESSO 25:-
*CAPPUCCINO 30:-
*CAFFE LATTE 35:-
*CAFFE MACHIATO 30:-
*BRIOCHÉ
*MUFFINS

Nun, wir haben bei unserem letzten Besuch zwar immer noch kein (bezahlbares) Ferienhaus auf einer der 24 000 Schäreninseln gefunden, dafür aber ein Hotel, das einem das Gefühl vermittelt, man hätte eines. Sein Name: J – wie die Bootsklasse der großen Kielyachten, die zwischen 1930 und 1937 gebaut wurden und noch immer als das Nonplusultra in Sachen Schönheit und Segeleigenschaften gelten. Am besten erreicht man das J mit der MS Ballerina, einer kleinen Fähre, die vom Nybrokajen im Zentrum bis zur Station Nacka Strand gerade einmal 15 Minuten braucht. Vom Anleger bis zum Hotel sind es dann noch einmal fünf Fußminuten. Alles in allem dauert es also gerade einmal 20 Minuten, um von einem Ort mitten in der Stadt mitten in die Natur zu gelangen – und wem das noch zu lange erscheint, der kann auch in einer knappen Viertelstunde über den Landweg mit dem Taxi anreisen.

Zur Begrüßung gibt es frische Blaubeer-Muffins und Cappuccino, die wir uns selbst draußen im Garten servieren. Ein klassisches Restaurant oder eine traditionelle Bar mit Servicekräften gibt es im Hotel nämlich nicht. Stattdessen befindet sich im Erdgeschoss ein großer Raum mit offener Küche, Kamin und Selbstbedienungstheke. Morgens kann man in diesem *living room* sehr ausgiebig und gut frühstücken, tagsüber in aller Ruhe die Zeitung lesen und abends mit einem Drink in der Hand die Flammen beobachten. Lediglich der Rezeptionstresen und die vielen Tische, Stühle, Sofas und hussenbezogenen Sessel erinnern in diesem Ambiente daran, dass man sich in einem Hotel befindet und nicht im Ferienhaus von Freunden.

Insgesamt verfügt das J über 45 Zimmer und Suiten, die in zwei miteinander verbundenen Trakten untergebracht sind. Fast alle verfügen über einen mehr oder weniger uneingeschränkten Blick aufs Wasser sowie einen Balkon oder ein kleines Stück vom großen Garten. Besonders hübsch sind die Duplex-Suiten, die, wie sämtliche anderen Räume auch, mit Möbeln, Home-Accessoires und Badezimmer-Utensilien des schwedischen Modelabels GANT ausgestattet sind. Eine, im wahrsten Sinne des Wortes naheliegende Entscheidung, denn schließlich befindet sich der Hauptsitz des Unternehmens nur wenige hundert Meter vom Hotel entfernt, und außerdem passen die zumeist maritim inspirierten Teile im Neu-England-Stil perfekt zu den alten Seekarten, Schiffsmodellen, Segeltuchfetzen und sonstigen Meeres-Memorabilia, die im ganzen Haus Wände und Fensterbretter zieren. Doch keine Angst, das J ist keine Herberge für *La Paloma*-selige Möchtegernseebären! In seinem Ambiente fühlen sich auch lifestylige Landratten so wohl, dass das Hotel in die Vereinigung der »Design Hotels« aufgenommen wurde. Und wie cool und modern man das maritime Thema umsetzen kann, wird zum Beispiel an den kühnen Taukonstruktionen sichtbar, die in den Duplex-Suiten die Treppengeländer ersetzen.

Kurz nach acht. Es ist der Beginn der Blauen Stunden, die in diesen Sommertagen bis zum nächsten Morgengrauen dauern. Mit einem Glas Wodka mit frischem Preiselbeersaft in der Hand suchen wir unseren Lieblingsplatz im Garten und finden ihn auf einem Felsvorsprung mit Traumblick auf die Kuppeln der

Stadt, die bewaldeten Inseln der Umgebung und all die kleinen Boote in der Hafeneinfahrt direkt zu unseren Füßen. In wenigen Minuten wird hier die riesige Finnland-Fähre vorbeikommen – und zwar so nah, dass man sich per Handschlag von den an Deck stehenden Passagieren verabschieden könnte. Es ist ein spektakulärer Ort, von dem wir uns nur deshalb trennen, weil das Restaurant J ruft, das angeblich auch den ein oder anderen Hochgenuss bereithalten soll … Unten im kleinen Yachthafen, wo auch die MS Ballerina ihre Passagiere an Land spuckt, hat das Hotel seinen kulinarischen Außenposten eröffnet. Serviert wird moderne schwedische Küche, die auch viele Einheimische anlockt. Das Restaurant J gilt als Szenetreff und als entspannter Zufluchtsort für all jene, die nach einem langen Bürotag ein bisschen Urlaubs- und Naturfeeling haben wollen. Und ja, wir bedauern die Ärmsten zutiefst, die später am Abend wieder in Richtung Zentrum fahren müssen. Ihre »Stadt mit Wasser« ist zwar schön, noch schöner ist sie aber, wenn man sie vom Ufer in Nacka Strand aus betrachten kann.

Djupvik Hotel

GOTLAND

Die Küchenzeilen in den sechs Zimmern des Djupvik zeugen bis heute davon, dass dieses ganz besondere Hotelprojekt auch hätte scheitern können. »In dem Fall wären wir zurück in die Stadt gezogen und hätten die Zimmer als kleine Ferienwohnungen vermietet«, erklärt Inhaberin Maria de Flon. Doch ihr Konzept ging trotz aller anfänglichen Zweifel auf – was in doppelter Hinsicht gut ist, denn erstens verfügt Gotland, Schwedens schönste Sommerfrische und größte Insel, nun endlich über ein wirklich nettes Designhotel, und zweitens können wir hier tagsüber unseren Lieblingstee kochen und für den Abend ein Sixpack Bier kühlen.

Wahrscheinlich sollten wir unsere Begeisterung über die Küchenzeilen aber zunächst einmal ein wenig zurück- und die Geschichte des Hotels dafür voranstellen: Nach Jahren als Restaurant- und Caféhausbesitzer in der Inselhauptstadt Visby sehnten sich de Flon und ihr Lebensgefährte Jörgen Axenmo nach neuen Herausforderungen. Ihre Idee: ein eigenes perfektes kleines Hotel am Meer! Ein Haus, in dem sie ihr gastronomisches Know-how ebenso einbringen konnten wie all die Erfahrungen, die sie selbst als Asien-affine Reisende gesammelt hatten. Die passende Location war schnell gefunden. In Djupvik, einem fast aufgegebenen Fischernest und Ferienhaushausdorf, 40 Kilometer südwestlich von Visby gelegen, stand im Frühjahr 2008 ein ausreichend großes Grundstück in leicht erhöhter Lage und nur durch einen Feldweg vom Strand getrennt zum Verkauf. Gebaut wurde direkt nach dem Erwerb, in gerade einmal viereinhalb

Monaten, was nach einer Rekordzeit klingt, die sich aber schnell relativiert, wenn man das Djupvik einmal genauer ansieht: Das Hotel besteht nämlich lediglich aus vier ebenso schlichten wie kantigen Bungalows, die zum Meer hin komplett verglast sind und auf der Landseite über kleine Fensterschlitze in Kopfhöhe verfügen. In drei der vier Bungalows sind jeweils zwei große Zimmer mit abgegrenzten Schlaf-, Wohn-, Küchen- und Badbereichen sowie einer hölzernen Terrasse davor untergebracht. Im vierten Bungalow befinden sich die Rezeption, die Bar mit Lounge, das Restaurant und die zum Gastraum offene Küche. Außerdem zählen zum Areal noch ein großer naturbelassener Garten mit Edelstahlpool zum Schwimmen und Holzdecks zum Sonnen – sofern es das Wetter auf Gotland zulässt. Im Sommer ist das überraschend oft der Fall. Das Inselklima gilt nämlich als sehr viel wärmer und zuverlässiger als das auf dem Festland. Jetzt im Spätherbst müssen wir uns draußen auf den bequemen Liegen jedoch in warme Wollplaids hüllen und die Zimmertür einen Spalt weit offen lassen, damit wir beim nächsten Regenguss schnell genug das Trockene erreichen. Trotzdem ist das Hotel auch an diesem unbeständigen Wochenende mal wieder ausgebucht. Der Erfolg hat die beiden Besitzer überrascht – und sie dazu animiert, bis Ende 2010 fünf weitere Bungalows zu errichten.

Zumeist sind es junge Gäste, die aus dem nur 35 Flugminuten entfernten Stockholm anreisen. Was sie am Djupvik so fasziniert? Zunächst einmal ist es wohl die Ruhe und die faszinierende Natur. Da es rund um das Hotel keine Mauern, Zäune, Hecken oder Hügel gibt, reicht der Blick, egal aus welchem Winkel, immer bis zum Horizont. Und das sogar schon früh am Morgen, wenn man gleich nach dem Aufwachen vom Bett aus über das Meer auf die gegenüberliegenden Karlsinseln blinzelt.

Es ist aber auch das Ambiente, das begeistert. Egal ob im öffentlich zugänglichen Hauptbungalow oder dem eigenen kleinen Reich – sämtliche Böden bestehen aus glanzpoliertem Beton, dazu kommen helle, hölzerne Wände, hauchzarte Vorhangstoffe, wenige moderne Möbel und ein paar hübsche Details – wie etwa Fototapeten in den Zimmern oder Lampionlampen in der Lounge. All das wirkt cool, aber nicht unterkühlt, gestylt, aber nicht *overdressed*.
Das Djupvik ist der perfekte Ort, um stundenlang das am Tisch servierte schwedische Frühstück zu genießen, nachmittags in der Lounge den Five-o'-Clock-Tea zu zelebrieren und sich abends im Schein unzähliger Kerzen drinnen und Fackeln draußen der ausgezeichneten skandinavisch-asiatischen Crossover-Cuisine hinzugeben.

Aktive Naturen schwingen sich zwischendurch auf die kostenlosen Hotelbikes und radeln die fast autofreie und menschenleere Küstenstraße entlang. Ab und zu treffen sie dabei auf ein paar rot-weiß oder gelb-blau gestrichene Bilderbuchferienhäuschen, die sich an windschiefe Kiefernwäldchen schmiegen, und auf jede Menge blaugrau-schwarze Schafe, die eigentlich eher wie blökende Pudel aussehen und eine tierische Besonderheit der Insel darstellen. Wirklich spektakuläre Landschaften sucht man auf Gotland vergebens. Idyllische Ecken findet man auf der Insel, die einst als Drehort für die Pippi-Langstrumpf-Filme diente, jedoch nach jedem zweiten Tritt in die Pedale. Davon profitieren übrigens auch weniger aktive Naturen. Denn eine dieser idyllischen Ecken stellt bereits der breite Strand direkt vor dem Djupvik dar mit seinen Bäumen und Wiesen, die bis ans Wasser reichen. Im Sommer kann man hier wunderbar baden, im Spätherbst belässt man es aber besser dabei, den Schwänen zuzuschauen oder angeschwemmte Muscheln und Bernsteinbröckchen aufzusammeln. Und danach zieht man sich am besten ins Zimmer zurück, kocht sich in der Küchenzeile seinen Lieblingstee und öffnet, nachdem die Sonne vor der Fensterfront ins Meer geplumpst ist, den Sixpack Bier aus dem Kühlschrank …

Alva Park

LLORET DE MAR

Wenn Lloret de Mar die Hölle für jeden verwöhnten Individualreisenden ist, dann ist das nur wenige hundert Meter und einen Hügel entfernte Plaja de Fenals der Vorhof dazu. Auf der einen Seite zwar etwas ruhiger, familiärer und mit einem selbst in der Hochsaison nicht überlaufenen Strand, auf der anderen Seite aber ebenso seelenlos, stilfrei und vollgestopft

mit Bettenburgen und Billigbustouristen. Dass man sich hier trotzdem wie im Himmel fühlen kann, ist dem Alva Park Resort & Spa zu verdanken. Es liegt nur einen Muschelwurf vom Meer entfernt. Seine Besonderheit: Kein anderes Haus setzt dem an der Costa Brava so weitverbreiteten Low-Budget-Tourismus mehr Luxus und Perfektion entgegen als dieses. Eine Festung des feinsten Geschmacks also, die sich nur einnehmen lässt, wenn man im Besitz einer Zimmerkarte ist. Ohne das kleine Stückchen Plastik scheitert man schon am hochglanzpolierten Lesegerät an der Tür. Klingt exklusiv, ist aber erst der Anfang. Haben einen die dienstbaren Geister nach dem Check-in nämlich in der eigenen Suite allein gelassen, will das Staunen selbst bei verwöhngewohnten Vielreisenden kein Ende nehmen: 70 Quadratmeter misst bereits die kleinste *cámara*, zu deren Grundausstattung das personalisierte Briefpapier ebenso gehört wie der Leih-Laptop oder das englische Edelporzellan. Dazu kommen alte asiatische Kunst in den Regalen sowie modernstes Entertainment-Hightech an den Wänden und Decken. Apropos Hightech: Eine einzige, leicht verständliche Fernbedienung reicht aus, um vom Fernseher bis zur Fensterverdunklung so ziemlich alles ein-, aus- oder umschalten zu können. Es geht also doch, auch wenn andere Luxushotels ihre Gäste immer noch mit ebenso unverständlichen wie unzähligen Knöpfchen, Schaltern und Displays überfordern!

Und dann dieses Bad: luftig, groß, mit angrenzendem Ankleidezimmer und einer Fensterfront, durch die der Blick aus dem Jacuzzi in den Garten oder über eine alte Burgruine schweifen kann. Frauen schätzen in diesem Ambiente besonders die silbernen Ringhalter neben dem Waschbecken und das raffinierte Beleuchtungssystem, mit dem sich per Knopfdruck sogar perfektes »Make-up-Light« erzeugen lässt. Männer mögen vor allem das Bang & Olufsen Sound & TV-System mit dem Händels *Wassermusik*, in der Wanne gelauscht, zum doppelten Genuss wird. Fernab der üblichen Zwei-Klappstühle-und-eine-Wäscheleine-Ausstattung präsentiert sich auch der überdimensionale Balkon: bequeme Liegen und Lounge-Chairs mit dicken Polstern und kaschmirweichen Plaids sowie Fernrohr samt Stativ bieten einen zusätzlichen raffinierten Open-Air-Salon.

Damit wir uns nicht falsch verstehen: Noch beschreiben wir Ihnen nichts weiter als eine der eher »bescheidenen« Standard-Suiten! Wenn Ihnen der Sinn nach zusätzlichem Luxus und privatem Spa-Feeling steht, buchen Sie stattdessen besser eine der insgesamt fünf »Turkish Bath Junior Suiten«. Highlight hier: ein prachtvolles Dampfbad, das wie eine Fata Morgana aus dem Nichts erscheint, wenn sich die hölzernen Rückwände des Ankleidezimmers lautlos zur Seite schieben.

Sollten Sie hingegen mit Kindern und sehr viel Kleingeld anreisen, dann sind Sie in der »Children's Kingdom Suite« nicht nur bestens aufgehoben, sondern garantiert auch vor Quengelattacken des gelangweilten Nachwuchses gefeit. Dafür sorgen die versenkbare Kinoleinwand, das viktorianische Puppenhaus, die elektrische Modelleisenbahn sowie unzählige Stofftiere und Spielsachen. Kindergerechtes Detail am Rande: Im Extrabad für die Kleinen gibt es sogar eigene Kids-Kosmetikprodukte sowie Bademäntel und Schlappen in Kleinstgrößen!

Ganz klar, wer ein Hotel so detailverliebt plant und so kostenintensiv einrichtet, braucht weder über Geld noch über Gewinn nachzudenken. Tatsächlich durfte Jose Luis Cases 2005 aus dem Vollen schöpfen, als ihn sein Arbeitgeber, eine reiche katalanische Industriellenfamilie, bat, einen unliebsamen, weil leerstehenden Apartmentkomplex in eine Luxusherberge umzuwandeln. Hotelerfahrung hatte er zwar null, dafür aber tausende guter Ideen und noch mehr ausgefallene Interessen. Seiner Modeaffinität ist es zum Beispiel zu verdanken, dass in jeder der insgesamt 88 Suiten mindestens ein gerahmtes Hermès-Carré an der Wand hängt und die Uniform der Rezeptionsdamen aus dem Hause Chanel stammt. Und weil Jose Luis außerdem eine Schwäche für Automobile besitzt, stehen für die Gäste jederzeit zehn kostenlose Leih-Smarts sowie zwei Luxuslimousinen und ein US-Hummer samt Chauffeur zur Verfügung.
Ideal für Ausflüge ins gerade einmal 70 Kilometer entfernte Barcelona oder in eines der drei Drei-Sterne-Restaurants, die alle in maximal einer Stunde Autofahrt erreichbar sind.

Doch wozu im weltberühmten El Bulli über ein Jahr lang auf einen Tisch warten, wenn im hoteleigenen Minamo-Restaurant ebenfalls ganz großes Theater für Feinschmecker geboten wird? Rund um die drei, wie Inseln auf dem Wasser schwebenden Tische des Nobel-Japaners werden mit jedem Gang nicht nur der Gaumen, sondern auch Auge und Ohr gekitzelt: angefangen beim Silberregen, der zur Vorspeise von der Decke fällt, über die Delfine, die beim Hauptgang über die Tische zu springen scheinen, bis hin zum virtuellen Sonnenaufgang, der pünktlich zum Dessert das ganze Restaurant erhellt. Señor Cases liebt solche Inszenierungen, und wenn ihm – so wie im Sommer 2008 – der Sinn nach einem Diner unter Palmen steht, dann verwandelt sich eben ein Saal des Hauses für ein paar Wochen in einen Tropengarten mit mehr als 400 farbenprächtigen Schmetterlingen, die allabendlich die Gäste umflattern … Übrigens: Orchideen sind eine weitere große Leidenschaft des Geschäftsführers. Für die knapp 150 Prachtexemplare in den öffentlichen Bereichen des Hauses ist Señora Encarna, die Blumenlady, zuständig – und das ganztags.

So ein Haus möchte man natürlich am liebsten nicht verlassen – und man muss es auch gar nicht. Zum Golfspielen gibt es schließlich einen Indoor-Simulator samt Club Lounge. Und obwohl zum Baden und Sonnen ein eigenes Stück Strand reserviert ist, relaxt es sich rund um den Pool bei kostenlosen Eismassagen und nebelfeinen Thermalwasserduschen sehr viel angenehmer.

Unser Tipp: Da das Hotel ganzjährig geöffnet ist, empfiehlt sich der Aufenthalt auch während der klimatisch beständigen und sonnenreichen Wintermonate vor allem in Kombination mit ein paar Tagen Barcelona vorab und jeder Menge Wellness-Behandlungen vor Ort. Sich im Molton Brown Spa verwöhnen lassen, eine »Massage aus aller Welt« genießen oder einfach nur im 36 Grad warmen Salzwasserbecken der »indischen Prinzessin« der Unterwassermusik lauschen – so himmlisch kann Urlaub im Vorhof der Hölle sein.

50, 51

Hotel Claude

MARBELLA

Marbella in der Blauen Stunde: Mit einem Glas Rosado in der Hand geht der Blick von der Dachterrasse hinunter aufs Meer und hinauf in die Berge. Es ist der erste heiße Frühlingstag des Jahres, und nach der Hitze der letzten Stunden weht endlich ein kühler Luftzug durch die Altstadt. Wir liegen auf weißen Sofas, lauschen samtweichem Jazz, der aus kleinen, hinter Säulen versteckten Lautsprechern herüberweht, und den Geräuschen des Ortes, die wie watteverpackt aus den Gassen nach oben dringen.
Wir sind dreieinhalb Flugstunden von zu Hause entfernt, wo noch über etliche Wochen Winter herrschen wird – vielleicht fühlt sich dieser Moment deshalb so magisch an ... Sicher ist: Auch Claude Devoize, Opernsängerin, sowie ehemalige Gast- und heutige Namensgeberin unserer Sieben-Zimmer-Herberge hätte ihn geliebt, so wie sie all die magischen Momente in ihrem Haus geliebt hat – damals in den Sechziger- und Siebzigerjahren, als Marbella noch mondän war,

jede Nacht gefeiert wurde und es durchaus vorkommen konnte, dass Ava Gardner plötzlich im Salon stand, Liz Taylor oder ein junger europäischer Thronfolger. Mit Claudes Tod 1993 versank der stolze Stadt-Palazzo, der immerhin schon Eugénie de Montijo, Kaiserin und Gattin von Napoleon III., sowie Ferdinand de Lesseps, dem Architekten des Suezkanals, als Sommersitz diente, in einen tiefen Dornröschenschlaf. Mehr als zwei Jahrzehnte fiel kein Tageslicht mehr durch die zugenagelten Fenster – und wahrscheinlich wäre es bis heute zappenduster, wenn Claudes Witwer nicht die spanisch-österreichische Mutter eines visionären kosmopolitischen Westfalen geheiratet hätte. Oder, um eine lange Familiengeschichte kurz zu fassen: Franz-Josef Willmes kam nach Marbella, verliebte sich in das Anwesen seines Stiefvaters und beschloss, ein Hotel daraus zu machen. Das nötige Geld dafür hatte er als Investmentbanker in New York und London verdient, das nötige Know-how in einem Touristik-Studium erworben. Ihm zur Seite stand seine Schwester Désirée, die damals ebenfalls noch als Brokerin in London tätig und nebenher als Schauspielerin erfolgreich war. Und dann gab es da natürlich auch noch die Mama, die über die fast dreijährigen Bauarbeiten wachte, während die Kinder in der Welt unterwegs waren. 2007 öffnete das Claude dann endlich seine Pforten, als kleines, modernes Luxushotel im großartig geschichtsträchtigen Ambiente.

Mittelpunkt des Hauses ist ein glasüberdachter Innenhof mit Brunnen und Arkadengang, um den sich die Zimmer gruppieren: »Oriental«, die Dachkammer mit den ochsenblutfarbenen Wänden, bietet vom Bett aus einen wunderbaren Blick in das alte Gebälk und den Sternenhimmel. »Francesa«, die einzige Suite, präsentiert sich dagegen edel und klassisch, mit samtenem Sofa und alter französischer Badewanne. Ideal für Familien sind »Marroqui« und »Savannah«, zwei durch einen kleinen Balkon miteinander verbundene Gemächer – eines in kräftigem Rot, das andere in dezentem Beige. Dann wären da noch das im

mediterranen Stil eingerichtete »Provenzal«, das nordisch-kühle »Flamant« sowie »Contemporánea«, das ganz glamourös in Silber gehalten ist. So unterschiedlich die Zimmer auch sein mögen, was sie verbindet, sind die vielen feinen Details – angefangen bei den aufwendig restaurierten Eingangstüren und Böden über die zumeist offenen, in den Raum integrierten Bäder bis hin zu so wohldurchdachten Hightech-Goodies wie Flatscreen, DVD-Player oder Anschlüssen für (im Haus ausleihbare) iPods, Laptops und Playstations. Lauter Kleinigkeiten, die den weitgereisten Willmes-Geschwistern jedoch ebenso wichtig sind wie eine möglichst entspannte und unkomplizierte Atmosphäre. So herrscht bei Softdrinks, Keksen, Kaffee oder Wein ganz einfach kostenlose Selbstbedienung aus einer großen Anrichte.

Und wer am Abend einmal keine Lust auf Schaulaufen und Schaufenster-Shopping im Yachthafen von Puerto Banus hat, der kann sich mit seinem Glas und einem Buch auch in die wunderbar intime Bibliothek zurückziehen. Oder eben, so wie wir, zum Loungen aufs Dach steigen. »Wir wollen, dass man sich hier wie zu Hause fühlt, oder zumindest so wie in einem englischen Clubhaus, das ja auch eine Art von ›Home away from home‹ darstellt«, erklärt Désirée Willmes. Zum Clubhaus-Gedanken passt gut, dass im Claude regelmäßig Konzerte und Lesungen stattfinden, die dem Haus langsam, aber sicher wieder den Ruf eines Künstlertreffs einbringen und an die wirklich guten alten Zeiten erinnern, in denen Señora Devoize selbst

zu spontanen Arienabenden lud. Dass dieses Konzept im sonnenreichen, aber kulturell armen Marbella nicht nur bei den Hausgästen ankommt, beweist die Tatsache, dass inzwischen auch viele Einheimische und zugezogene Zweitvillenbesitzer aus der Umgebung vorbeikommen – von denen manche sogar schon ein ganzes Wochenende geblieben sind.

Ein weiterer Anziehungspunkt für Besucher ist das Hotelrestaurant Le Bijou, das von Angel Gordon, einem der bekanntesten spanischen Interior-Designer konsequent in Schwarz und Weiß eingerichtet wurde. An diesem Abend wird das Schmuckstück jedoch leerstehen. Stattdessen werden dienstbare Geister des Hauses mit ihren Tabletts die steilen Steintreppen zur Dachterasse hinaufbalancieren müssen, wo nach der Blauen Stunde und einem weiteren Glas Rosado das Diner unter Marbellas Sternenhimmel beginnt …

Aguas de Ibiza

IBIZA

Ja, auch wir sind älter geworden. Zwar noch lange nicht so alt, um auch nur im Traum daran zu denken, unserer Lieblingsparty-Insel Ibiza den Rücken zu kehren. Aber doch alt genug, um vor Ort nicht mehr sämtliche Nächte durchzutanzen und sämtliche Tage schlafend am Strand zu verbringen. Mit anderen Worten: vorbei die Zeiten, in denen wir stets das billigste Pauschalangebot gebucht haben, weil nur zum Duschen und Umziehen jede noch so einfache Unterkunft recht war.

Inzwischen wissen wir gute Hotels nämlich sehr wohl zu schätzen! Ganz allgemein, und ganz besonders dann, wenn sie sich nicht irgendwo auf Ibiza befinden, sondern direkt am Meer. Denn von ein paar wunderbar luxuriösen und sehr individuell geführten Finca-Hotels im Landesinneren einmal abgesehen, ist das Bettengebot für Anspruchsvolle, in die Luxus- und Lifestylejahre Gekommene, eher überschaubar. Umso erfreuter waren wir daher, als im Herbst 2008 das Aguas de Ibiza seine Pforten öffnete: Eine Fünf-Sterne-Designerherberge direkt am Yachthafen von Santa Eulària, genau das hatte uns und der Insel gefehlt! Und da wir im Laufe der Jahre nicht nur älter und verwöhnter, sondern auch vernünftiger und umweltbewusster geworden sind, gefiel uns außerdem die Ansage, dass es sich beim Aguas um das erste Eco-Resort Ibizas handelt.

Doch keine Angst, man sieht dem Hotel sein grünes Gewissen nicht an. Und man spürt auch nichts davon: Wie in jedem anderen Hotel lassen sich die Zimmer auf Eisschranktemperaturen kühlen, die Restaurants sind ballsaalhell erleuchtet und die Pools während der kalten Jahreszeit aufgeheizt. Dass man hier trotzdem mit 35 Prozent weniger Energie auskommt, liegt zum Beispiel am intelligenten Beleuchtungssystem, das hinter dem Gast die Lichter in den Zimmern und Fluren ausschaltet, oder an den speziell isolierten Fenstern und automatisch schließenden Vorhängen, die im Sommer die Hitze draußen halten. Zusätzlich wird ein Teil des Stroms selbst produziert – mit Sonnenkollektoren auf allen Balkonen, die sich allerdings erst auf den zweiten Blick zu erkennen geben und die wir die längste Zeit für besonders cool designte Fassadenelemente gehalten haben. Doch damit nicht genug: Man setzt im Hotel auf eine Hybrid- und Elektrowagenflotte, nutzt gereinigtes Abwasser zum Blumengießen und hat beim Bau nur umweltfreundliche Materialien und ibizenkisches Gestein eingesetzt. So weit, so »eco-luxurious« – aber was kann man im Aguas de Ibiza außer Stromsparen noch machen?

Ausgezeichnet speisen zum Beispiel: Tapas in der Alabaster-Lounge, lokale Lieblingsgerichte im Restaurant Oligo und moderne »madeinterranean« Cuisine im Gourmet-Tempel La Sal – wäre doch schade, wenn man stattdessen so wie früher mit nichts als einem Stück Pizza im Bauch auf die Piste ginge …

Oder aber man taucht (nach durchtanzter Nacht) ein paar Stunden im großzügig angelegten und modern eingerichteten Spa des Hauses ab.

Das Programm hier unten gleicht einer Weltreise in Sachen Schönheit und Wohlbefinden: balinesische Massagen, arabische Rasul-Treatments und brasilianische Kaffee-Anwendungen werden angeboten. Doch warum so weit in die Ferne schweifen, wenn Behandlungen mit ibizenkischem Salz, Formentera-Schlamm und Seegras so nahe liegen und so gut tun? Danach lässt es sich in einem der drei Hotel-Pools bei Unterwassermusik noch wunderbar weiterentspannen. Oder aber man zieht sich in sein Zimmer zurück und hofft darauf, dass die beleuchtete Feng-Shui-Spirale an der Decke tatsächlich neue Lebensenergie verleiht. Bei wem das nicht funktioniert, der wird in seinem, vom Triade-Studio aus Barcelona in hellen Farben und natürlichen Materialien ausgestatteten Reich trotzdem sehr gut relaxen können. Erst recht, wenn er im

vierten Stock wohnt, der im Aguas de Ibiza »Cloud 9« heißt und die meisten Suiten sowie loftartige Komfort-Zimmer beherbergt. Weitere Annehmlichkeiten dieser VIP-Etage: ein erweitertes (Room-) Serviceangebot sowie ein eigener Check-in-Desk im Rezeptionsbereich.
Und was liegt über den Wolken? Der Himmel natürlich! Und der heißt im Aguas »airIbiza« und präsentiert sich als coolste Dachterrassenbar der Insel – mit bunt, beleuchtetem Pool, Blick bis Formentera, bequemen Liegen und wechselnden DJs, die hier allabendlich auflegen. Besonders in Vollmondnächten, wenn das Meer vor dem Hotel wie flüssiges Silber aussieht, strahlt dieser Ort etwas Magisches aus. Denn dann ist die Stimmung hier oben nicht nur ausgelassen und feierwütig, sondern auch ein bisschen festlich – und dem kann sich einfach kein Gast entziehen. Solche Partynächte machen auch wir dann gerne mal wieder zum Tag. So wie damals eben, als es weder Designerherbergen noch Öko-Hotels gab, wir stets das billigste Pauschalangebot gebucht und die Tage schlafend am Strand verbracht haben. Heute können wir uns stattdessen nach dem Frühstück in unsere Zimmer zurückziehen, das *Do not disturb*-Schild vor die Tür hängen, eine Chill-out-CD in die Bang & Olufsen-Anlage schieben und uns darüber freuen, wie wunderbar Älterwerden sein kann.

SPANIEN

Portixol

MALLORCA

Mehr als 170 Jahre ist es jetzt her, dass George Sand Mallorca besuchte. Viel hat sich seitdem verändert. Die Feststellung der Schriftstellerin, dass sich Palma, die Inselhauptstadt, »dem flüchtigen Besucher nicht unmittelbar enthülle«, ist jedoch bis heute zutreffend. Zumindest dann, wenn man vom Flughafen kommt, sich ein Stück über die Autobahn stadteinwärts quält und bald nach links, in Richtung des völlig zu Recht verschrienen Vororts El Arenal abbiegt: überall Billighotels, Ballermann-Touristen und »bayerische Bierstuben«. Doch irgendwann hat dieses Betonelend ein Ende, und man erreicht Portixol, das ehemalige Fischerdorf, das inzwischen fast nahtlos in die Stadt übergeht. Sein kleiner Yachthafen, die hübschen alten Handwerkerhäuschen, in denen heute jede Menge schicke Bars und Restaurants untergebracht sind, sowie die einzigartige Lage mitten an Palmas 16 Kilometer langer Seepromenade haben Portixol im Laufe der letzten Jahre zum angesagten Ausgeh- und Flanierviertel gemacht. Nicht ganz unbeteiligt an diesem Aufschwung ist sicher auch das gleichnamige Hotel, dessen fünf Stockwerke strahlendweiß über dem Hafen thronen. Als Johanna und Mikael Landström das Haus 1997 kauften, war es ein heruntergewirtschafteter Kasten, der seine besten Jahre hinter sich zu haben schien. Doch die beiden Schweden, die

PORTIXOL

einst zum Arbeiten auf die Insel gekommen waren und wegen des Wetters, der Leute und der Landschaft für immer bleiben wollten, entdeckten sofort, dass im Portixol Potenzial steckte. Ihre Vision: ein kleines, weltoffenes Hotel, dessen mallorquinische Wurzeln ebenso sichtbar sein sollten wie die skandinavische Herkunft seiner Besitzer. Zwei Jahre haben die Umbauarbeiten unter der Leitung des heimischen Architekten Rafael Vidal gedauert. So gut es ging – und so weit es der Zustand zuließ –, hat er dabei nicht nur die Vorgaben der Besitzer berücksichtigt, sondern auch die Originalausstattung aus den Fünfzigerjahren erhalten. So wurde im Foyerbereich zum Beispiel eine wunderbar kitschige Mosaiksäule zum Hingucker erklärt und ein altmodisches, in die Wand eingelassenes Aquarium revitalisiert. Ebenso gelungen: die auch bei Einheimischen sehr beliebte Bar, die kleine Bibliothek, das Spa und das erstklassige Hotelrestaurant. Mit ihren hochglanzpolierten Hölzern, den keck bezogenen Cocktailsesselchen, Messingbeschlägen, Deckenventilatoren und abgerundeten Fensterecken erinnern diese Räume auch ein bisschen an die großen Transatlantik-Liner von einst. Ob es auf den vielen Kreuzfahrtschiffen, die man vom Portixol aus beim Ein- und Auslaufen beobachten kann, heute noch genauso stilvoll zugeht? Glamouröses Highlight des Hotels ist jedoch der Outdoor-Bereich: Weil Wasser und Strom zu Bauzeiten noch im vermeintlich bezahlbaren Übermaß vorhanden waren, sind die Proportionen des Schwimmbeckens erfreulich großzügig ausgefallen. Dazu kommen bequeme Liegen mit marine-weiß gestreiften Polstern, eine Open-Air-Bar unter Strohmatten und Palmen sowie ein langer Säulengang mit großen

Spiegeln und im Wind flatternden Vorhängen. Wer in diesem Ambiente beim Sonnenbaden vor sich hinträumt, vergisst schnell, dass er »nur« auf Mallorca ist. Stattdessen fühlt er sich in die goldenen Zeiten der Côte d'Azur zurückversetzt und an den Poolrand eines mondänen Beach Clubs »verlegt«.

In den insgesamt 26 Zimmern und Suiten des Portixol geht es nicht ganz so retromäßig zu. Um heutigen Ansprüchen gerecht zu werden, hat man einige der winzigen Schlafkammerrn zusammengelegt und moderne Bäder eingebaut. Andere verfügen seit den Renovierungsarbeiten zusätzlich über große Terrassen. Doch ganz egal, ob Suite mit Traumblick auf die gesamte Bucht oder Einzelzimmer zur Gasse – jeder Raum überzeugt durch seine luftige »Weißheit« und so wohldurchdachte und liebevolle Details, wie ein eigenes Fernglas im Regal zum bereits erwähnten Boote-Betrachten.

Bei seiner Wiedereröffnung galt das Portixol als das erste Designhotel Mallorcas. Jede Menge weitere sind seitdem auf der Insel dazugekommen. So wunderbar entspannt ist es jedoch bis heute keinem Nachahmer gelungen, Coolness und Charme miteinander zu verbinden.

Obwohl das Portixol direkt am Meer liegt und es bis zum nächsten öffentlichen Strand keine 200 Meter sind, zieht das Hotel übrigens kaum typische Badetouristen an. Vielmehr kommen Paare, junge Familien und Singles, die sich zwei, drei Tage Auszeit auf der Insel nehmen. Dank der Nähe zum Flughafen ist man mit dem Taxi und nichts als Handgepäck unter dem Arm bereits 20 Minuten nach der Landung im Hotel. Eine Tatsache, die das Portixol vor allem in den milden Wintermonaten zum schnell erreichbaren und attraktiven Wochenendziel für Schlechtwetter-geplagte Nordeuropäer macht. Selbst im Januar ist es häufig warm genug, um auf der Terrasse zu frühstücken und danach in kurzen Hosen über die Promenade zu skaten oder im Hinterland eine Runde Golf zu spielen. Wer es noch sportlicher mag, kann sich auch am Portixol-Triathlon versuchen: zuerst vom Hotel aus auf der Promenande in die eine Richtung losjoggen, dann mit dem Leihbike in die andere Richtung radeln und zum Schluss noch kurz in den Pool oder ins Meer springen. Oder aber man geht so einen sonnigen Tag im Winter entspannter an und flaniert stattdessen ganz gemütlich hinüber ins Zentrum von Palma. Ob Kathedrale, Altstadt, neues Kunstmuseum oder all die eleganten Geschäfte entlang des schnurgeraden Passeig del Born – alles, was die 390 000 Einwohner zählende Mittelmeer-Metropole sehenswert macht, ist vom Hotel aus bequem zu Fuß erreichbar.

Hätte George Sand die Stadt damals von dieser Seite kennengelernt, sie hätte bei aller immer noch (oder schon wieder) berechtigten Kritik mildere Worte gefunden. Und hätte es darüber hinaus im Winter 1838 auch schon das Portixol gegeben, dann wäre auch ihre Bewertung der heimischen Hotellerie bedeutend positiver ausgefallen: »Alles, was man für uns tun konnte, bestand darin, uns zwei kleine möblierte, besser gesagt, unmöblierte Zimmer zu verschaffen, an einem seltsamen Ort, mit einem Feldbett … einem Baststuhl und Pfeffer und Knoblauch als Lebensmitteln«, hat Madame Sand nach ihrer Ankunft erbost niedergeschrieben. Und das klingt fast so schlimm, wie in El Arenal absteigen zu müssen …

SPANIEN

Palm Beach

GRAN CANARIA

Zugegeben, im Rahmen der Recherchen für dieses Buch haben wir ein gewisses Faible für Orte entwickelt, die es – wohlwollend formuliert – nicht unbedingt in die Top-Ten der Traumziele verwöhnter Individualreisender schaffen würden. Lloret de Mar ist so ein Ort oder Antalya. Und auch Maspalomas müsste man wohl dazurechnen. Was wir an diesen *No-go*-Zielen trotzdem mögen, ist die Tatsache, dass sie so gut und so günstig zu erreichen sind. Man kann sich selbst am Donnerstagmittag noch entscheiden, das Wochenende dort zu verbringen, ohne den Rest des Tages im Internet nach Flügen, Fährpassagen und nicht vorhandenen Mietwagenstationen suchen zu müssen. Doch bei aller Liebe zur Bequemlichkeit schätzen wir auch die damit verbundene Herausforderung!
Sie besteht an solchen Orten darin, Hotels zu finden, die »ganz besonders« sind, anstatt nur »o. k.« und beliebig. In Lloret de Mar ist es das Alva Park (ab S. 46), in Antalya sind es das Tuvana (ab S. 176) und das Hillside Su (ab S. 164), und in Maspalomas ist es das Palm Beach!

Was rein äußerlich für dieses Fünf-Sterne-Haus spricht, ist die Traumlage direkt an den Dünen und der hübsche, tausendjährige Palmengarten, den man wohl eher in Florida als auf Gran Canaria erwartet hätte. Noch viel beeindruckender sind jedoch die inneren Werte des Hotels. Und die verdankt es den *crazy Seventies* und dem coolen Chic von Stardesigner und Innenarchitekt Alberto Pinto.
Doch der Reihe nach: Eröffnet wurde das Palm Beach in den Siebziger Jahren als modernes Luxushotel, das sich schnell einen Namen machte. Sogar aus der knapp 60 Kilometer entfernten Hauptstadt Las Palmas kamen damals die Einheimischen und Gäste, um auf der Hotelterrasse zu speisen und danach im angesagtesten Nachtclub der Insel zu feiern. Knapp drei Jahrzehnte dauerte die Party, dann waren die Zeichen der Zeit nicht mehr zu übersehen. Das Palm Beach musste dringend renoviert werden – vom Keller bis zu den Suiten unterm Dach und vom Spa-Bungalow bis zum Lobbybereich im Haupthaus. Die meisten Hoteleigentümer hätten dies dezent getan. Sie hätten

hier ein paar dunkle Edelholzmöbel einbauen und dort einige Quadratmeter eierschalenfarbenen Edelvelours verlegen lassen. Dann hätten sie vielleicht noch die Badezimmerwände eingerissen (weil offene Bäder zwar furchtbar dämlich, angeblich aber auch furchtbar chic sind) und auf den Rezeptionstresen eine Schale mit grünen Äpfeln gestellt (weil das derzeit jedes Hotel macht, das sich einen Touch von Zeitgeist verleihen möchte).

Theo Gerlach, der Besitzer des Palm Beach, ging jedoch einen anderen Weg: 2002 ließ er sein Hotel für ein halbes Jahr schließen und vom bereits erwähnten Alberto Pinto renovieren – einem renommierten französischen Innenarchitekten, der weltweit Luxushotels einrichtet, Yachten und Privatjets ausstattet und auch eine eigene Geschirrserie entworfen hat. Pintos Plan: eine Revitalisierung im Stil der *Seventies*! Was ihm am Original gefiel, ließ er vollkommen

72, 73

unangetastet – wie etwa die Mosaiken in den offenen Lichthöfen oder die geometrisch verlegten Marmorböden in der Rezeption. Was ihm nicht gefiel veränderte er grundlegend. So erstrahlen die 328 Zimmer und Suiten des Hauses heute beispielsweise nicht mehr in schlichtem Weiß, sondern in Zitronengelb, Korallenrot oder Fliederlila. Und, als wäre das noch nicht genug, kombinierte er die sattbunt gestrichenen Wände auch noch mit grell gemusterten Teppichen, großflächigen Gemälden in den Komplementärfarben, kippbaren Leuchten, verspiegelten Kommoden und Designklassikern wie den drahtigen Bertoia-Chairs. So richtig austoben konnte sich Pinto im Speisesaal, der Trattoria und der Bar des Hauses, wo sein Spiel mit Mustern, Hölzern, Lichteffekten und Farben fast schon psychedelische Züge annimmt. Lediglich im preisgekrönten Gourmetrestaurant Orangerie legte er sich selbst etwas Zurückhaltung auf, weil bei Gerichten wie Thunfisch-Tartar an Seetang-Waffeln oder Ingwer mit Olivenblättern ohnehin sämtliche Sinnesnerven überlastet sind. Was verwundert, ist die Tatsache, dass das Stammpublikum den radikalen Wandel beschwerde- und stornierungsfrei mitgemacht hat. Viele waren bereits im Eröffnungsjahr hier, und sie sind es seitdem zumeist mehrmals jährlich. Nicht, dass wir das Alter nicht zu schätzen wüssten – ganz im Gegenteil. Im Palm Beach haben wir uns sogar manchmal die senile Bettflucht an den eigenen Hals gewünscht, um nur ein einziges Mal während des Aufenthalts in den Genuss einer nicht schon vor Morgengrauen besetzten Poolliege zu kommen. Das ist sehr schade, denn eigentlich wäre dieses Hotel wie geschaffen für mondäne Hipster auf Kurzurlaub, die in Pucci-

Kleidchen, Prada-Loafers und XL-Shades durch den Garten huschen, bei einem »O2 Relax«-Treatment endlich mal wieder zum Durchatmen kommen und nach dem großen sonntäglichen Pool-Barbecue die Band nicht allein in der Bar aufspielen lassen. Aber was jetzt noch nicht ist, kann ja noch werden …

Vielleicht steht Maspalomas bis dahin auch wieder in den Top-Ten der Traumziele verwöhnter Individualreisender ganz weit oben und gilt als ebenso glamourös wie zum Beispiel Miamis South Beach. Das richtige Hotel dafür hätte der Ort jedenfalls schon heute.

Grand Hotel Heiligendamm

BAD DOBERAN

England im Jahr 1750. Mit seiner Studie über die *Behandlung von Drüsenerkrankungen mit Meerwasser und Seeluft* löst Dr. Richard Russell einen wahren Run der vornehmen Gesellschaft auf Küstennester wie Brighton oder Eastbourne aus. 43 Jahre später schwappt die Seebad-Euphorie dann auch über die Nordsee in Richtung Deutschland: Am »Heiligen Damm«, dem Strand von Doberan, taucht Friedrich Franz I. auf Anraten seines Leibarztes die fürstlichen Fuß- und Fingerspitzen erstmals ins Meer. Seine Begeisterung für den Spaß im gesunden Nass schlägt schnell hohe Wellen: Bald schon will jeder, der in

Mecklenburg etwas auf sich hält, neben seinem Landesherren auf- und vor allem abtauchen. Um dem adeligen Andrang gerecht zu werden, wird deshalb zunächst ein Badehaus gebaut, dann eine Kuranstalt sowie ein Grandhotel und schließlich sogar ein privates Villen- und Cottage-Ensemble samt öffentlichen Kolonnaden. Aus einem wilden Stück Land an der Ostsee wird eine »weiße Stadt am Meer«, die Preußens Prinzen ebenso anlockt wie Russlands Zaren und das gesamte europäische Großbürgertum. Doch dann kommt der Krieg und nach ihm der Sozialismus. Heiligendamm verwandelt sich erneut: Aus der »Sommerfrische für Weltenbürger« wird zunächst ein »Sanatorium für Werktätige« und nach dem Ende der DDR der schönste Schandfleck in der wiedervereinigten Republik. Erst 1996, nach dem Erwerb durch eine Investorengruppe, weht hier im hohen Norden wieder ein frischer Wind – der sich jedoch schnell zu einem Sturm der Entrüstung auswächst. Von einem »Ghetto für die Superreichen« ist plötzlich zu lesen und von Begrenzungsmauern, die in den Berichten der Presse und den Erzählungen in Dorfkneipen der Umgebung jeden Tag ein bisschen höher und länger werden.

Und wie sieht es heute tatsächlich aus? Kurhaus, Grandhotel, Orangerie, Burg Hohenzollern, Haus Mecklenburg sowie das Palais Severin erstrahlen nicht nur in reinstem Weiß, sondern auch für jeden Nicht-Hotelgast sichtbar. Die meterhohe Mauer entpuppt sich schließlich doch nur als hüfthoher Zaun, der sowohl vom Land als auch vom Wasser aus den uneingeschränkten Blick auf das Luxusresort und den umgebenden Landschaftspark freigibt. Lediglich beim G8-Gipfel, der 2007 im Hotel stattfand, war Heiligendamm tatsächlich weiträumig abgesperrt, doch dieser Spuk dauerte nur wenige Tage.

78, 79

Vom Klassizismus bis zur Romantik – so verschieden wie die Fassaden der sechs Gästehäuser präsentieren sich auch die dahinterliegenden 126 Zimmer und 79 Suiten. Was sie verbindet, ist die schnörkellos helle und zeitlos klassische Grundausstattung. Was sie unterscheidet, sind die vielen kleinen, zur jeweiligen Stilepoche passenden Details: hier eine außergewöhnlich kunstvolle Chaiselongue, da ein ganz besonderer blumenbedruckter Bezugstoff. Dinge wie diese sorgen auch hinter den alten Mauern für einen Hauch von Historie und für ein Höchstmaß an Harmonie. Besonders gelungen ist dieser eklektische Mix in der Burg Hohenzollern, die mit dunklen Hölzern, schweren Samt- und glänzenden Seidenstoffen sowie ausgesuchten Asiatika eingerichtet ist. *Far East* im ganz nahen deutschen Osten – das Konzept geht auf in diesem Gebäude, das aus den Baulaunen der Romantik heraus entstand und mit seiner ganzen Verspieltheit an der rauen Ostseeküste ohnehin völlig entrückt wirkt. Mindestens ebenso erlebens- und bewohnenswert: die zweigeschossige Hochzeitssuite hoch oben auf dem Haus Mecklenburg. Vom Schlafzimmer reicht der Blick hinaus aufs Meer, hinüber bis nach Kühlungsborn und hinunter in den Park. Fast wünscht man sich in einem solchen Ambiente ein paar Schlechtwettertage, die man mit ruhigem Gewissen im Bett verbringen darf. Apropos Schlechtwettertage: Natürlich kann man – so wie die meisten Gäste – im Sommer nach Heiligendamm kommen, tagsüber im Strandkorb sonnenbaden und abends auf der

Dachterrasse in den Sternenhimmel blinzeln, der hier besonders gut zu sehen ist. Man kann sich aber ebenso für den ruhigeren und unbeständigeren Herbst entscheiden. Kalkfelsenschwer und ebenso weiß liegt in dieser Zeit der Frühnebel über der Ostsee. Von der Seebrücke aus betrachtet, sieht Heiligendamm dann wie ein Luftschloss über den Wolken aus. Wenn der Westwind die Dunstschwaden gegen Mittag in Fetzen gerissen hat und sich die Sonne blicken lässt, stapft man vielleicht ein paar Stunden lang über den menschenleeren Strand. Oder man kommt auf dem hoteleigenen Golfplatz so richtig in Schwung – oder aber im fünf Reitminuten entfernten Gut Vorder Bollhagen in die Hufe, wo auf Wunsch sogar Fuchsjagden und private Poloturniere organisiert werden.

Weniger mondän und sportlich, dafür aber herrlich entschleunigend ist die Fahrt mit der Molli.
Seit 1886 hält die alte Dampfbahn nun schon am Bahnhof gleich hinter dem Hotel. Knapp 20 Minuten dauert die Fahrt von dort nach Bad Doberan – eine echte Zeitreise, vorbei an herbstlich verfärbten Alleen und der ältesten Galopprennbahn Kontinentaleuropas. Wer sich einen Kleinjungentraum erfüllen möchte, kann im Hotel übrigens eine zweitägige Schnupperausbildung zum (Ehren-)Lokführer buchen.

Und was, wenn sich über der Ostsee tatsächlich einmal ein richtiges »Schiedwedder« zusammenbraut? Dann heißt es rein in den Bademantel und runter ins Hotel-Spa: Wasser, Wärme und Wohlbefinden auf 3000 Quadratmetern – Friedrich Franz I. wäre begeistert von dieser zeitgemäßen Version seines Badehauses. Wahrscheinlich würde er an Tagen wie diesen zwischen Hallenbad und Hammam umherwandeln, sich das »Mens's Special Deluxe Package« mit Ganzkörper-Peeling und Gesichtsbehandlung gönnen oder mit Mr. Vyas, dem Yogalehrer aus dem Himalaya, in Heuschrecken- und Hundeposition verharren. »HEIC TE LAETITIA INVITAT POST BALNEA SANUM« – des Fürsten Leitmotto, das er vor mehr als 200 Jahren in die Fassade meißeln ließ, ist noch immer an gleicher Stelle zu lesen und hat auch im neuen/alten Heiligendamm nichts an Bedeutung verloren: »Hier erwartet dich Freude, entsteigst du gesundet dem Bade.« Ob Friedrich bei »Freude« auch an all die formidablen Diners dachte, die auf ausgiebige Spa-Besuche folgen, ist nicht überliefert. Sicher ist jedoch, dass er damals noch nicht zwischen Michelin-Stern-

gekröntem Restaurant und Sushi-Bar, kleinem Italiener am Strand und großem Speisesaal im Kurhaus wählen konnte. Allein schon um so viel kulinarische Vielfalt probieren zu können, sollte man für einen Besuch in Heiligendamm mindestens vier Tage einplanen. Abseits der Hauptsaison kommen die meisten allerdings nur übers Wochenende. Stadtflüchtlinge aus Berlin und Hamburg brauchen schließlich keine drei Stunden bis hierher, und dank diverser Billig-Airlines ist auch der hotelnahe Rostocker Airport ein leicht erreichbares Ziel geworden.

Ein Tipp für Flexible: Das ganze Jahr über finden in Heiligendamm zahlreiche Veranstaltungen statt – von der Kaminlesung bis hin zum Kammerkonzert. Und wenn an solchen Abenden die festlich gekleideten Hotelgäste durch den Park in Richtung Kurhaus flanieren, dann ist es fast so wie damals, als Dr. Richard Russell mit seiner Studie über die *Behandlung von Drüsenerkrankungen mit Meerwasser und Seeluft* einen wahren Run der vornehmen Gesellschaft auf Küstennester wie Brighton oder Eastbourne auslöste …

Cerês am Meer

RÜGEN

Sein Hotel nach einem Planeten zu benennen, der auf einer eigenen Bahn um die Sonne kreist, setzt schon eine gesunde Portion Selbstbewusstsein voraus – selbst dann, wenn der besagte Planet nur winzig klein ist. Bedeutet das doch im Grunde, dass man mit seinem Produkt Lichtjahre von dem entfernt ist, was die ortsansässige Konkurrenz ihren Gästen zu bieten hat.
Im Fall vom Cerês am Meer ist so viel Selbstbewusstsein jedoch gerechtfertigt. Denn Binz, das Vorzeigestädtchen auf Rügen, mag zwar bildhübsch sein; was sich hinter den Fassaden seiner Hotels und Pensionen verbirgt, ist es meistens jedoch nicht. Plüschiger Prunk oder ostalgischer Uncharme sind dort, auch mehr als zwei Jahrzehnte nach dem Mauerfall, noch immer eher die Regel als eine Ausnahme. Und im schlimmsten Fall findet man beides sogar unter dem Dach eines einzigen Hauses vereint …
Mitten in so viel provinzieller Geschmacksfreiheit hat der Hannoveraner Architekt Moritz Lau-Engehausen das Cerês am Meer errichtet. Als Besitzer, Betreiber und Bauherr in Personalunion musste er dabei von der Planungsphase an keine Kompromisse eingehen.
Nur was ihm gefiel und vor seinem gestrengen Auge Bestand hatte, wurde realisiert – koste es was es wolle. Und es kostete sicherlich eine Menge, vom

CERES
2

Türgriff bis zum Fensterknauf nur die allerfeinsten Designerentwürfe zu verwenden. Trotzdem (oder gerade deshalb) wirkt das Cêres nicht nur erstaunlich klar, kühl und reduziert, sondern auch sehr elegant. Sowohl von außen, wo die vertikal gegliederte Fassade mit dem verglasten Eckturm einen harmonischen Kontrast zu den Erkern, Türmchen, Veranden und Holzschnitzereien der benachbarten Bädervillen bildet, als auch im Inneren, wo den Gast eine beinahe schon meditative Stille und ein über jede Mode erhabenes Ambiente in den Farben Schwarz, Weiß, Lichtgrau und Dunkelanthrazit umgibt. Kernstück des Hauses ist das Foyer von kathedralenhaftem Charakter. Man erreicht es über einen schnurgeraden, Schwellenangst einflößenden Gang, der neugierige Nicht-Hotelbewohner abhält und Gäste mit jedem Schritt auf das Hotel einstimmt. Laut sprechen möchte man hier nicht, leise staunen aber schon: über die an das Foyer angrenzende Bibliothek mit dem freistehenden Kamin und den vielen Coffee-Table-Books zum Beispiel; oder über den hübschen Hofgarten vor den bodentiefen Fenstern. Ebenfalls auf dieser Etage untergebracht ist das Negro – Restaurant, Bar, Lounge und Seeterrasse in einem. Wie der Name schon sagt, ist es ganz in Schwarz eingerichtet, bietet aber in kulinarischer Hinsicht mehr als einen Lichtblick. Morgens wird hier das Frühstück serviert, tagsüber kommen kleine Speisen, Cocktails, Kaffee und Kuchen auf die Tische, und abends gibt es raffinierte Weltküche auf Basis regionaler Zutaten. Dass dazu ausschließlich deutsche Weine kredenzt werden, mag als schwer nachvollziehbare Laune des Hausherrn durchgehen. Dass es sich dabei ganz sicher nicht um ein Statement in Sachen Klimaschutz durch kurze Transportwege handelt, wird jedoch spätestens dann klar, wenn man nach dem Essen noch ein Gläschen französischen Champagner oder Südstaaten-Whiskey kippt …

Wer nach Dinner und Drinks noch einmal das Haus verlässt, um sich ein paar Meter über dem Meer auf der Binzer Seebrücke die Füße zu vertreten und die Nachtluft um die Nase wehen zu lassen, wird vielleicht die hell erleuchtete Kuppel auf dem Dach des Cerês bemerken. Darunter ist die schönste Suite des Hauses untergebracht – knapp 60 Quadratmeter groß, mit mehreren Design- und Hotelpreisen ausgezeichnet und mit einem Panoramablick auf das Meer und den Ostseehimmel ausgestattet. So wie sämtliche der insgesamt 48 Schlafgemächer verfügt sie über wunderbar warm wirkende Holzböden aus geölter Mooreiche und Decken von bis zu 4,50 Meter Höhe. Wer ein Faible für Haptisches hat, wird darüber hinaus auch die handverputzen Wände sowie die Bettbezüge aus allerfeinster Baumwolle zu schätzen und zu streicheln wissen. Und dann diese Bäder: so groß, so glänzend und so genial konzipiert, dass man die mächtigen Flügeltüren gar nicht schließen möchte, mit denen man das Bad vom restlichen Raum abtrennen könnte. Das wäre übrigens auch deshalb schade, weil man dann aus der freistehenden Badewanne nicht mehr aufs Meer hinausschauen könnte.

»Ich bin gerne gereist. Doch meistens begleitete mich das Gefühl, weiterziehen zu müssen. Nur selten spürte ich, richtig angekommen zu sein. Wohl diese Erfahrung hat mich bewogen, ein Hotel zu bauen: das Cerês«, schreibt Lau-Engehausen in den einleitenden Worten seines Hausprospekts. Was einen als Gast trotzdem vom Ewig-bleiben-Wollen abhalten kann, ist der Verzicht auf Klimaanlagen in den Zimmern. Klar, auf der einen Seite ist es natürlich nett (und sehr viel umweltverträglicher), in einer warmen Sommernacht die Balkon- oder Terrassentüren zu öffnen, dem Meeresrauschen zu lauschen und die kühle Seebrise zu spüren. Auf der anderen Seite befindet man sich aber mitten im Ort, nur einen Steinwurf von der Seebrücke und dem Strand entfernt. Und da wird in solchen Nächten eben auch gerne lang und lautstark gefeiert, was dem Schlaf bei geöffneter Tür nicht gerade zuträglich ist.

Wer das vermeiden möchte, der bucht also besser »Gartenblick« oder entscheidet sich gleich für einen Aufenthalt in der kühleren Jahreszeit. Dann kann man sich auch mit viel mehr Wonne dem Wellness-Bereich widmen. Ein Bad im wannenwarmen Meerwasser-Pool, danach vielleicht eine Algen-und-Öl-Massage oder umhüllt von einem Körpervlies aus wassergelösten Salzkristallen, relaxen – solche Momente sind tatsächlich nicht von dieser Welt. So wie Cerês, der kleine Planet weit draußen im All.

Seesteg

NORDERNEY

Im Grunde ist so ein Sonnenuntergang an der See ja eine wunderbar klassenlose Angelegenheit: Jeder kann ihn sehen, keiner muss dafür Mitglied sein oder Eintritt bezahlen, und selbst mit allem Geld der Welt lässt sich der Ausgang nicht beeinflussen. Entweder der Hauptdarsteller plumpst tatsachlich blutrot und kitschig schön in die Wellen oder er versinkt vor Scham und hinter tieffliegenden Schlechtwetterwolken in den Meereswogen ... Und trotzdem gibt es einige ganz besonders elitäre Logenplätze für dieses alltägliche Spektakel – wie zum Beispiel die Penthouse-Suiten im Hotel Seesteg auf Norderney. Bei warmem Wetter genießt man den Anblick am besten auf der eigenen Terrasse hoch über dem Deich. Bei kühleren Temperaturen – und die sind auf Ostfrieslands zweitgrößter Insel auch im Sommer keine Seltenheit – hat man die Qual der Wahl zwischen Bett, Badewanne oder Couch. Durch die sechs Meter hohe, bodentiefe Fensterfront ist die Natur nämlich aus jedem Zimmerwinkel sichtbar, und wer sie außen vorlassen möchte, müsste schon die Vorhänge zuziehen. Aber eigentlich möchte das niemand, noch nicht einmal nachts, denn schließlich ist auch das Aufwachen mit der Aussicht auf Nebelschwaden, Kräuselwellen und die ersten Jogger am Strand ein Erlebnis. »Wir wollten den Übergang zwischen Innen

und Außen für unsere Gäste aufheben, dafür haben wir sogar die Badezimmer verglast«, erzählt Mark Brune, der als Architekt und Miteigentümer für den Seesteg verantwortlich zeichnet. Gemeinsam mit seinem Bruder Jens erstand er im Jahr 2006 den alten Schuppen, in dem bis in die Zwanzigerjahre des letzten Jahrhunderts der namensgebende Holzseesteg überwinterte. Für die Brune-Brüder war es ein Ort voller Magie, den sie bereits seit Kindheitstagen kannten und den sie nach so vielen Jahrzehnten wieder zu neuem Leben erwecken wollten. Luxuriös sollte es werden, aber trotz Klinkermauern und zu erhaltendem Lagerhallen-Charakter auch luftig und leicht – loftig eben … Mit diesem Konzept ist den beiden ein echtes Highlight geglückt, das es so auf keiner anderen deutschen Nordseeinsel gibt.

Ein weiterer »Höhepunkt« des Hauses – und das im wahrsten Sinne des Wortes – ist der Rooftop-Pool in der dritten Etage. Mit einer Länge von 25 Metern und einer ganzjährig garantierten Wassertemperatur um die 32 Grad handelt es sich hierbei um eine durchaus ernst gemeinte »Schwimmhilfe«, wenn die Nordsee mal wieder zu kalt oder zu stürmisch sein sollte. Ebenfalls auf dem Dach, nur ein paar Schritte

vom Pool entfernt, befindet sich ein kleines »Private Spa« mit Sauna, edler Stahlwanne und Sofa mit Seeblick. Wer sich hier für ein paar Stunden einmietet, kann in Ruhe und absoluter Abgeschiedenheit vor sich hinschwitzen, danach ein paar erfrischende Bahnen ziehen und ganz zum Schluss in ein entspannendes Meersalzbad eintauchen. Ein bisschen weniger elitär geht es drei Etagen tiefer im »normalen« Seesteg-Spa zu. Dafür kann man sich hier aber sogar mit feinstem Kaviarextrakt abreiben lassen!

Ja, es stimmt: So viel Luxus und vor allem so viel Lifestyle hätte man auf Norderney nicht erwartet. Noch immer gilt die Insel als Paradies für Genesende mit mehr Sanatoriums- und Kuranstaltsbetten als Einwohnern. Doch das Image ändert sich. Die Gäste werden jünger, sie sind verwöhnter, weltgewandter und weitgereister. Eine Tatsache, an der die gesamte Brune-Familie nicht unwesentlich beteiligt ist. Denn neben dem Seesteg betreiben die beiden Söhne und ihre Eltern auf der Insel noch zwei weitere »aufgefrischte« Hotels, eine Milchbar samt DJ-Pult und Chill-out-Area, sowie einen Mini-Concept-Store mit Treibhausmöbeln, Naturkosmetik, Coffee-Table-Books und anderen angesagten und ausgewählten Artikeln. Außerdem war Mark Brune als Architekt auch für die Renovierung des öffentlichen Hallenbades und des Touristenzentrums zuständig. Aus dem einen machte er das »bade:haus« – Deutschlands größtes Thalasso-Zentrum mit Feuer- und Wasserebenen, Wellenbad und einem Ambiente, das selbst strengste Schwimmhallenverweigerer anlockt. Und aus dem anderen machte er das »Conversationshaus«, das mit seiner Bar, der Bibliothek und dem edlen Interieur eher an die Lobby eines glamourösen Grandhotels erinnert, als an eine städtische Stelle zur Zimmervermittlung und Kurtaxenabgabe.

Doch die innovativen Ideen des Clans machen beim In- und Exterior nicht halt. Auch kulinarisch wagten die Brune-Brüder mit ihrem Seesteg den Sprung zu neuen Ufern. Den inselüblichen »Backfisch mit Kartoffelsalat« oder die »Scholle Müllerin mit Garnitur« sucht man auf ihrer Speisekarte Gott sei Dank vergebens. Stattdessen kommt hier Tartar vom Küstenrind auf den Tisch oder Sanddorn-flambierte Jakobsmuschel mit jungem Spinat oder Ravioli mit ostfriesischer Ziegenkäsefüllung und Tomatenbutter. Lauter Speisen, bei deren Zubereitung man als Gast sogar zuschauen kann, da die Küche nur durch eine Glaswand vom Restaurant abgetrennt ist. Ebenfalls so ganz nach unserem Geschmack: das Frühstück, das von freundlichen Kellnern frisch am Tisch serviert wird! Himmlische Ruhe statt hektischer Rennerei in Richtung Büfett ist also garantiert. Und bewegen kann man sich danach schließlich noch genug, zum Beispiel beim Personal Training mit dem Seesteg-Sportlehrer oder oben auf dem Dach bei einer Yoga-, Pilates- oder Aqua-Fitness-Stunde. Besonders empfehlenswert: vom Hotel organisierte Power-Walking-Touren über die Insel oder eine Runde Golf auf Deutschlands einzigem Dünenplatz, dessen erhöhte Abschläge spektakuläre Blicke aufs Wattenmeer freigeben.

Doch ganz egal, wofür man sich auch entscheidet, Hauptsache man schafft es, pünktlich zum Sonnenuntergang wieder zurück zu sein auf seinem Logenplatz hoch über dem Deich.

Long Island House Sylt

SYLT

Noch eine letzte langgezogene Linkskurve, dann schweben (oder besser schlingern) wir auch schon über die ersten reetgedeckten Häuser der Insel. Landen auf Sylt ist ein Erlebnis. Vor allem dann, wenn vor dem Flugzeugfenster ein Hagelsturm tobt und alles andere als Frühling in der Luft liegt. Aber wer fährt schon des Wetters wegen nach Sylt? Und das auch noch in den unbeständigen Wochen nach Ostern! Nein, hierher kommt man wegen der Luft und der Leute, wegen des Lichts, den stundenlangen Strandspaziergängen und mitunter auch wegen all den großartigen Restaurants und Geschäften, die man in dieser Konzentration sonst nur in Metropolen findet, deren Grünflächen allein schon größer sind als die gesamte Insel. Und wenn man kommt, dann wohnt man entweder im eigenen Haus oder bei guten Freunden. Oder aber man hat ein Problem. Denn so »weltinselich« Sylt sich sonst auch geben mag, so provinziell ist sein Übernachtungsangebot. Zieht man all die Ferienwohnungen und -häuser einmal ab, dann bleiben von den insgesamt rund 60 000 Gästebetten nämlich gar nicht mehr so viele übrig. Dieser Rest

verteilt sich leider auf zu viele spießige Privatpensionen, ein paar unambitionierte Mittelklasseabsteigen und einige wenige überteuerte Luxusherbergen. Echte Hotel-Highlights sucht man in Deutschlands ganz hohem Norden nahezu vergebens. Wir haben trotzdem eines gefunden: das Long Island House Sylt. Mitten in Westerland gelegen und dennoch so weit vom gängigen Insel(hauptstadt)standard entfernt, dass man es eher auf dem Lieblingseiland der New Yorker vermuten würde. Wofür natürlich schon allein der Name spricht und erst recht die Einrichtung. Denn ganz egal, wohin man in dem zehn Zimmer kleinen Haus auch blickt, überall beherrscht der hippe Hampton Style das Bild: Möbel aus Treibholz, Seekisten mit Coffe-Table-Books, Segelbootmodelle in den Fenstern sowie kunstvoll drapierte Plaids und Windlichter in Ecken und Sesseln, die so wirken sollen, als ob sie ganz zufällig dort liegen …
Glaubt man den Journalistenkollegen vom amerikanischen *Long Island City Magazine*, die auf einer ganzen

Seite über das *guesthouse in good old Europe* berichtet haben, dann ist es Martina Blum und Lars Poppe, den beiden Besitzern, tatsächlich gelungen, ein gutes Stück vom US-Sommervillen-Flair über den Atlantik zu transportieren. Wie gut und wie gemütlich der Look von Long Island auf Sylt funktioniert, wird einem spätestens nach dem Betreten des eigenen Zimmers klar: *Yes!* In diesem Ambiente ist *bad weather good news*. Schließlich lässt sich der Resttag ganz unbesorgt im kuscheligen Kojenbett verbringen – mit Aussicht auf den sturmgepeitschten Garten und der Gewissheit, da draußen absolut nichts zu verpassen. Wenn man das Haus später am Abend dann doch noch einmal verlässt, geschieht dies lediglich, um sich eine Straße weiter im Restaurant von Jörg Müller durch die

sterngekrönte Speisekarte zu schlemmen. Mehr als »nur« Frühstück wird im Long Island House Sylt nämlich nicht serviert. Das ist dafür aber ausgezeichnet und wartet allein mit einem guten Dutzend unterschiedlicher Teesorten und beinah ebenso vielen Schälchen voller Fischspezialitäten auf. Auf ein Hotelrestaurant wurde bewusst verzichtet, ebenso auf eine Bar. Stattdessen gibt es einen gutgefüllten Kühlschrank und einen Zettel an der Rezeption. Ein System, das sich zu bewähren scheint – selbst vom teuren Champagner hat bislang noch keine einzige Flasche gefehlt, ohne dass ein Strich auf die Liste gesetzt wurde …

»Wir wollen keinen pompösen Einheitskomfort, sondern eine entspannte, familiäre Atmosphäre. Und die entsteht unserer Meinung nach durch herzliche Gastfreundschaft und nicht durch einstudierte Höflichkeit, wie man sie in vielen großen Hotels erlebt«, erklärt Martina Blum. 2005 kam die gebürtige Sylterin, die sich jahrelang als Werbefachfrau in Hamburg verdingte, auf die Insel zurück, um sich gemeinsam mit ihrem Lebenspartner den Traum vom perfekten Minihotel zu erfüllen. Neun Monate dauerte es, bis aus dem in die Jahre gekommenen Backsteinbau mit Hilfe eines befreundeten Architekten das Long Island House Sylt wurde. Am Anfang glaubten

die Newcomer-Hoteliers, dass sie mit dem coolen Ambiente und dem unkonventionellen Konzept hauptsächlich junge Gäste anlocken würden. Ein Trugschluss, denn nur wenige Wochen nach der Eröffnung feierte ein Gast, der froh war, auf seiner Lieblingsinsel endlich einmal nicht »verstaubt« wohnen zu müssen, hier seinen 80. Geburtstag ... Mit der ansonsten in Werbekreisen so beliebten Zielgruppendefinition ist es seitdem vorbei. Offenbar findet dieses Haus seine Gäste von selbst – egal, in welchem Alter sie auch sein mögen und egal, ob sie als Singles, Paare oder Familien anreisen. Und offenbar findet dieses Haus seine Gäste nicht nur zu Ferienzeiten oder an Feiertagswochenenden. Inzwischen sind die (zugegebenermaßen etwas günstigeren) Monate November und März beinah ebenso gut gebucht wie der Sommer oder Silvester. Dank der fast ganzjährig angebotenen Billigflugverbindungen ist Sylt zum gut erreichbaren Ziel geworden – selbst dann, wenn man südlich von Hamburg zu Hause ist.
Und was übrigens das Wetter bei unserem Besuch betrifft: Bereits am nächsten Morgen herrschen schon wieder perfekte Bedingungen, um Drachen steigen zu lassen oder mit dem Fahrrad die Bilderbuchdörfer der Insel zu erkunden. Fast ein bisschen schade. Aber vielleicht haben wir beim nächsten Besuch ja mehr Glück. Noch so ein zusätzlicher Hagelsturmtag im Kojenbett des Long Island House Sylt wäre nämlich eigentlich ganz nett gewesen ...

Pädaste Manor

MUHU

Muhu heißt Mohn, klingt aber nach Kühen. Und dieses Bild ruft genau die richtigen Assoziationen hervor. Viel mehr als Wald, (Mohnblumen-)Wiesen und Weideland hat diese Insel im Baltischen Meer nämlich nicht zu bieten. Viel weniger als himmlische Ruhe und intakte Natur aber auch nicht. Das liegt sicherlich mit daran, dass Muhu und der gesamte Rest des Väinameri-Archipels 50 Jahre lang militärisches Sperrgebiet waren und daher weder touristisch noch industriell genutzt werden durften. Einige der rund 500 Inseln sind so winzig, dass sie nur bei Ebbe sichtbar sind und man selbst dann nur mit Mühe und Not ein Munitionskistchen darauf platzieren könnte. Verglichen damit ist Muhu, Estlands drittgrößte Insel, riesig. Immerhin bietet es auf seinen 198 Quadratkilometern Landfläche Platz für unglaublich viel Grün, eine asphaltierte Hauptstraße, eine Handvoll Dörfer und für das beste Hotel des Landes – das Pädaste Manor. Wer von Tallinn mit dem (Miet-)wagen kommt, braucht gerade einmal zwei Autostunden und 30 Fährminuten, bis er vor dem Tor des Ritterguts aus dem 16. Jahrhundert steht. Gleich dahinter beginnt ein schattiger Kiesweg, der vorbeiführt an kleinen Kräutergärten, granitsteinernen Nebengebäuden und kronleuchtergeschmückten Uralt-Eichen – entweder hoch zum Haupthaus oder runter ans Meer. »Wenn Sie wollten, könnten Sie von dort aus bis nach Amerika segeln«,

erzählt Martin Breuer seinen Gästen gerne zur Begrüßung. Bislang wollte aber noch keiner. Warum auch? Schließlich haben sich der gebürtige Niederländer und sein Partner, der hier geborene Pianist und Parlamentarier Imree Sooäär, mit dem Pädaste Manor ein Paradies erschaffen, aus dem man sich auch als zahlender Besucher nicht so schnell vertreiben lassen möchte. Zu viel Geschichte gibt es hier zu entdecken, zu viel Luxus zu genießen, zu viel Natur zu bewundern. Der beste Ort, um damit anzufangen, ist das neugotische Gutshaus. 14 der insgesamt 24 Zimmer und Suiten, von denen einige über offene Kamine verfügen, sind hier untergebracht. Dazu kommen der »Billiard & Cigar-Room« im Keller, das »Poetry Loft« mit Hunderten Büchern unter dem Dach und die Bar, die gleichzeitig auch als Rezeption dient.

Direkt daneben befindet sich das Hotelrestaurant Alexander, in dessen Wintergarten morgens ein erstklassiges Frühstück und abends »Nordic Islands' Cuisine« serviert wird. Heimische Frühkartoffeln mit Entenleber und Gotland-Trüffeln kommen dann auf den Tisch oder geschmorte Kalbswangen mit wildem Inselknoblauch und Thymian-Püree aus dem eigenen Garten. Zum Nachtisch gibt es Stachelbeer-Vanille-Kompott, gefolgt von frisch geröstetem Haselnussbrot und lange gereiftem Muhu-Käse. Gespeist wird im schlichten, aber edlen Ambiente, das typisch für das ganze Gutshaus ist. Goldgerahmte Ölschinken sucht man hier ebenso vergebens wie alte Ritterrüstungen oder schwere Perserteppiche. Stattdessen setzen die beiden Hausherrn auf *simple luxury* und zeitlos schönen Scandinavian Style.

Nicht ganz so klar und reduziert geht es in der ehemaligen Remise zu, in der neben neun Zimmern und Suiten im englischen Country-Look auch noch ein Privatkino untergebracht ist. Schräg gegenüber, auf der anderen Seite des sieben Hektar großen Landschaftsparks, befindet sich die »Sea House Brasserie«. Auf ihrer Terasse werden an sonnigen Tagen und in nicht dunkel werden wollenden Mitsommernächten Drinks und kleine Gerichte mit Aussicht auf das Meer serviert. Wem der Kopf hingegen eher nach körperlichen als kulinarischen Genüssen steht, der flaniert einfach noch ein Stückchen weiter zum Pädaste Spa. Ob Ziegenmilch-Facial oder Haferflocken-Joghurt-Peeling – sämtliche Behandlungen, die dort angeboten werden, basieren auf der Heilkraft heimischer Zutaten, die für jeden Gast individuell zusammengemixt werden. Fertigprodukte, egal von welchem noch so feinen Beauty-Label, gibt es nicht. Ein echtes Erlebnis ist übrigens der Besuch der kleinen Sauna, in der man sich so lange mit duftenden Birkenzweigen »geißelt«, bis die Haut hummerrot ist und wie Feuer brennt. Danach könnte man zur Abkühlung gleich vor der Saunatür in einen Teich springen. Oder aber man läuft das kurze Stück durch den Pädaste-Park hinunter zum Meer. An einer der schönsten Stellen der Bucht, umgeben von nichts als Wiese, Wald und Schilfgürtel haben Breuer und Sooäär ein hölzernes Sonnendeck mit direktem

Wasserzugang errichtet. Dort liegen auch die Hotelboote vor Anker, mit denen man zur nahen Liebesinsel segeln oder, wenn man ganz viel Glück hat und ganz leise nah am Ufer entlangpaddelt, den ebenso riesigen wie menschenscheuen Elchen beim Baden zusehen kann. Sehr viel wahrscheinlicher zeigen sich auf solch einer Tour jedoch Seeadler bei der Jagd oder Waschbärenfamilien auf Wanderschaft. Muhu, ein UNESCO-Biosphärenreservat, ist so reich an Tieren, dass man die meisten sogar ganz faul vom Liegestuhl oder aus einem der beiden Open-Air-Hot-Tubs im Schilf beobachten könnte. Es wäre allerdings schade um all die Naturschönheiten der Insel, die man so verpassen würde. Deshalb schwingt man sich in aktiven Stunden besser auf eines der Hotel-Bikes und radelt Richtung Wacholderwald oder Kalksteinkliff. Mit störendem Autoverkehr braucht man nur zu rechnen, wenn im Hafen kurz zuvor eine Fähre angelegt hat, und vom Gegenwind einmal abgesehen, gibt es auch sonst keine »Feinde« auf Muhu, der flunderflachen Insel des Mohns, der magischen Momente und des märchenhaften Pädaste Manor.

Ekies all senses resort

CHALKIDIKI

Wie soll man einen Bericht über ein Hotel verfassen, das eigentlich für immer ein Geheimtipp bleiben sollte? Mit einem Hinweis auf die mühsame Anreise vielleicht? Nur eine Möglichkeit, die aber im konkreten Fall nicht ganz der Wahrheit entspricht. Schließlich fliegt man von Deutschland nach Thessaloniki kaum länger als zwei Stunden, und vom Flughafen bis zum Ekies sind es nur noch knapp hundert Kilometer. Wie wäre es stattdessen mit ein paar aufgeregten Worten über das Chaos, das ab und zu an der Rezeption sowie im Service herrscht? Oder über das seltsame Sammelsurium an Stilrichtungen in den einzelnen Hoteltrakten? Stimmt zwar alles, wirkt aber nicht unbedingt abschreckend, denn selten hat man Chaos so charmant zelebriert und Stilrichtungen so gekonnt gemixt erlebt, wie in diesem 65-Zimmer-Haus.

Nein, das Ekies kann man nicht schlechtschreiben, weil es ganz einfach gut ist und außerdem so wohltuend anders. Das fängt schon in seiner Umgebung an: Vourvourou, Heimatdorf des Hotels an der gleichnamigen Bucht am »Mittelhandknochen« der Halbinsel Chalkidiki, ist grüner, sanfter und unberührter als das bekanntere Insel-Griechenland. Hier reichen die Wälder bis ans Wasser und die Häuser nicht über die Baumwipfel. Da es in Vourvourou so gut wie keine Touristen gibt, gibt es auch keine himmelwärts strebenden Touristenherbergen. Das Dorf gehört den Einheimischen und den Thessalonikern, die jedoch nur am Wochenende und nur im Hochsommer kommen, sowie den reichen Griechen aus dem Rest des Landes, die hier auf den kleinen vorgelagerten Inseln und Felsenplateaus große Sommervillen errichten ließen. Mitten in dieser Idylle, an einem puderzuckerfeinen Strand, der so sanft ins türkisblaue Meer abfällt, dass man mehre hundert Meter weit waten muss, bevor die Wellen endlich über den Bauchnabel schwappen, wurde in den Siebzigerjahren ein Hotel errichtet: viel zu groß für die Region und viel zu kleinbürgerlich vom Konzept her, um in dieser Region dauerhaft erfolgreich zu sein. Als es 2002 zum Verkauf stand,

zögerte Alexandra Efstathiadou keine Sekunde. Denn erstens kannte und liebte die frischdiplomierte Dolmetscherin den Ort seit ihrer Kindheit. Zweitens träumte sie schon seit längerem den Traum vom eigenen Hotel, und drittens waren ihre Eltern – Kaufleute aus Thessaloniki – visionär und finanzkräftig genug, um ihr diesen Traum gleich nach dem Studium erfüllen zu können. Dass Efstathiadou über keinerlei Hotelier-Erfahrung verfügte, ließ die Famile sowie die am Bau beteiligten Firmen zwar mitunter verzweifeln, letztendlich sollte die unkonventionelle Hotelbesitzerin mit all ihren Bau(ch)entscheidungen jedoch Recht behalten. Zusammen mit befreundeten Designern und Architekten machte sie sich daran, das Hotel auf den Kopf zu stellen. Die Zimmer und Suiten in einem Trakt ließ sie gänzlich in gleißendem Weiß gestalten und mit Whirlpool-Wannen ausstatten, die im Balkonboden eingelassen sind. Ein Haus weiter durfte sich ihr Lebensgefährte Vangelis Liakos, ein bekannter griechischer Grafikdesigner, austoben. Seine Idee: die Fabeln des altgriechischen Dichters Äsop, auf den so wunderbare Redewendungen zurückgehen wie »sich mit fremden Federn schmücken« oder »da beißt die Maus keinen Faden ab«, als Icons an die Wand zu bringen. Dafür wurde das Hotel 2008 sogar mit dem European Design Award und einem bedeutenden griechischen Hotelpreis ausgezeichnet. Unser Favorit ist jedoch das eigentliche Haupthaus, wo in den Zimmern und Suiten Designklassiker von Ron Arad, Vitra oder Philippe Starck mit handgewebten griechischen Baumwollstoffen und zu Waschbecken umfunktionierten Blecheimern in harmonischen Kontrast treten. Zum Niederlegen schön – und vor allem unglaublich bequem – sind auch die futonartigen Spezialmatrazen (den Weltvertrieb hält, wie zufällig, Alexandras Mutter), die in sämtlichen Betten und

als Polster auf den schlafstatttauglichen Sofas zum Einsatz kommen. Noch schöner schlummern und tagträumen kann man ansonsten nur am Strand, wo statt der üblichen Klappliegen komfortable Doppelmatrazen mit keilförmigen Rückenlehnen stehen und eine im Wasser platzierte Hängematte zum Über-den-Wellen-Schaukeln einlädt.

Ja, all das klingt nicht nur nach Karibik, es sieht auch so aus und fühlt sich genauso an. Ähnlich paradiesisch geht es ein paar Treppenstufen weiter oben auf der Terrasse zu: Loungemöbel, leises Easy-Listening-Geklimper, eine Open-Air-Bar unter Pinien und einige Tische, an denen ganztags griechische Snacks serviert werden. Direkt daneben befinden sich die beiden Restaurants des Ekies. Im Kouzina gibt es morgens ein akzeptables Büfett-Frühstück und abends ein empfehlenswertes Halbpensions-Menü. Gleich daneben, im À-la-carte-Restaurant Koutali, das wie eine trendige Taverne aussieht und in dessen Mitte ein Baum durchs Dach wächst, kommt modern interpretierte einheimische Küche auf die Tische – und das ganz ohne sahneschweres Souflaki oder fetttriefende Tintenfischringe, dafür aber mit frischen Zutaten, die größtenteils aus biologischem Anbau stammen. Romantiker können ihr Diner übrigens auch zwischen Himmel, Erde und Meer in einem lampionbeschienenen Baumhaus genießen oder direkt am Strand speisen.

Apropos Genießen: Als »all senses resort« verfügt das Ekies natürlich auch über ein winzig kleines – oder,

besser gesagt, garagengroßes – Spa. Die Behandlungskabinen befinden sich nämlich in einem separaten Häuschen, dessen Außenwände sich wie Garagentore nach oben klappen lassen, so dass man Oliven-Tonerde-Peelings oder Rote-Trauben-Facials zwar überdacht, aber trotzdem im Freien über sich ergehen lassen darf.

Fehlt eigentlich nur noch, dass so ein Aufenthalt im Ekies am Ende auch noch günstig wäre. Und ja, er ist es wirklich. Verglichen mit vielen anderen Hotels, die zwar mehr Sterne, dafür aber sehr viel weniger Stil in viel schlechterer Lage bieten, ist er sogar spottbillig! Aber bitte sagen Sie all das nach dem Lesen nicht weiter, damit das Ekies noch möglichst lange ein Geheimtipp bleibt.

PORTUGAL

Memmo Baleeira

ALGARVE

Wäre die Welt eine Scheibe und die Distanz nicht ganz so groß, dann könnte man vom Memmo Baleeira aus El Jadida in Marokko erkennen und Newport, Virginia. So muss man sich mit dem Ausblick auf nichts als ein Bild füllendes, prächtiges Atlantikblau vor der Balkontür begnügen. Und mit einem sich über rund 12 000 Quadratmeter ausdehnenden Hotelareal im Dörfchen Sagres, dem südwestlichsten Ort Kontinentaleuropas. Sagres liegt zwar gerade noch an der Algarve, aber die dort üblichen Bausünden, »Beer blasts« und britischen Low-Budget-Touristen sucht man hier vergebens. Viel mehr als eine schnurgerade Hauptstraße mit einem denkmalgeschützten Fort an einem und dem Fischereihafen am anderen Ende gibt es hier nämlich nicht. Massen zieht man damit nicht an, Individualisten schon. Die meisten von ihnen sind jung, kommen in alten VW-Bussen und bleiben den ganzen Sommer. Moderne Blumenkinder, die sich jedoch weniger nach blühenden Wiesen als perfekten Wellen sehnen. Die Gewässer rund um Sagres gehören zu den besten Surf-Revieren der Welt und, so erklärt uns ein sonnengeküsster und salzwassergebleichter Engländer am Abend in einer der kleinen Bars: »If you can make it here, you make it anywhere.«

Das Gleiche müssen sich wohl auch die Manager der portugiesischen Memmo-Gruppe gedacht haben, als sie 2006 das Baleeira kauften. Mehr als 40 Jahre hatte der riesige Kasten auf den Klippen damals schon auf dem Buckel – ein echter Hotel-Dinosaurier, völlig heruntergewirtschaftet, viel zu groß und eigentlich auch zu weit vom Charter-Airport in Faro entfernt, um sich gegen die Konkurrenz entlang der Küste durchsetzen zu können. Doch die neuen Besitzer hatten eine Vision, und in der ging es um Resort-Chic und Retrocharme, veränderte Reisegewohnheiten und eine neue kosmopolitische Klientel. Mehrere Monate haben die Renovierungs- und Umbauarbeiten gedauert. Heller, leichter, luftiger sollte alles werden, ohne dass der Stil der Sechzigerjahre dabei ganz verlorenginge.

Und tatsächlich – reist man, so wie wir, am späten Abend an, dann erinnert der allererste Eindruck vom verglasten, weit in die Dunkelheit hinausstrahlenden Rezeptionsbereich schon ein bisschen an den Sixties-Serienhit *Raumschiff Enterprise*: ein himmelblau illuminierter Check-in-Counter, dahinter Mitarbeiter in türkis-braunen Uniformen und darüber eine dieser, für die Zeit so typischen Löcherdecken, die wie ein Schweizer Käse aussehen, oder – um im Bild zu bleiben – wie ein Sternenhimmel. Doch keine Angst, ganz

so *spacy* geht es nicht weiter. Ganz im Gegenteil: gleich um die Ecke, im Coffeeshop (über dessen Tresen jedoch mehr Caipirinhas als Cappuccini gehen), wird es schon sehr viel gemütlicher. Tagsüber bestellt man hier kleine Snacks, abends Bier und Cocktails. Und samstagsnachts sorgen ein DJ und ein Sushi-Chef für zusätzliche Abwechslung. Von der Atmosphäre her erinnert das Ganze ein bisschen an den aufgemotzten Partyraum eines Landschulheims – nur dass die Gäste hier sehr viel schicker und häufig auch mit den eigenen Kids einlaufen. Viele von ihnen stammen aus Lissabon oder London. Sie kommen für ein langes Wochenende oder für ein paar Tage Dritt- oder Vierturlaub, in dem sie vor allem eins wollen: entspannen und nichts tun – umgeben von ganz viel Natur und einem coolen unkomplizierten Ambiente.

Der ideale Ort dafür: der große Hotelpool! Zum Meer wäre es zwar auch nur ein Katzensprung über die Klippen; da der Atlantik in dieser Region jedoch selbst im August nur selten 20 Grad warm wird, planscht es sich hier oben einfach sehr viel angenehmer. Wer danach nicht Liege an Liege am beheizten Betonbecken liegen mag, sucht sich einen freien Deckchair und seinen Lieblingsplatz im riesigen Garten oder er gönnt sich ein Treatment im kleinen Hotelspa, zu dem auch ein nierenförmiger Indoorpool gehört.

Wer mehr Abwechslung sucht, kann im hoteleigenen Surfshop auch eine Probestunde samt Lehrer buchen oder ein Rad mieten. Doch wie bereits erwähnt: Eigentlich geht es ums Entspannen und Nichtstun – wenn man vom Wolkenzählen und Nach-Delfinen-Ausschau-Halten einmal absieht.

Gewohnt wird im Memmo Baleeira in 105 Zimmern und 39 Suiten, die oftmals nur durch nicht enden wollende Gänge zu erreichen sind. Das hat auf der einen Seite den Nachteil, dass man sehr viel und sehr lang im Haus unterwegs ist. Auf der anderen Seite bedeutet es aber auch, dass fast jedes noch so kleine Kämmerchen über einen großartigen Meerblick verfügt, da landseits lediglich die Gänge verlaufen und sich die Zimmer entlang der Klippen nebeneinanderreihen. Die Einrichtung ist eher einfach und zweckmäßig gehalten – viel Weiß, dazu ein paar Akzente in Türkis und Braun – die Farben, die den Lobby- und Loungebereich bestimmen, dominieren auch hier. Das sorgt für Harmonie und für ein Gefühl von

Großzügigkeit. Und außerdem lenkt es geschickt davon ab, dass im Memmo Baleeira zwar viel renoviert, aber nicht allzu viel dafür ausgegeben wurde. Doch das soll gar kein Vorwurf sein! Denn das Memmo Baleeira ist für das, was es ist, und da, wo es liegt, ein absolutes (Retro-Designer-)Schnäppchen! Das wird auch im schokobraun gestrichenen Hotelrestaurant mit den geschwungenen Lederstühlchen, dem kühnen Wintergartenanbau und den Fenstern, die wie Bilderrahmen wirken, deutlich. Morgens wird in diesem Ambiente ein sehr reichhaltiges Frühstück serviert, abends gibt's Mediterranes à la carte sowie ein täglich wechselndes Dreigängemenü zum moderat kalkulierten Preis. Fangfrischer Dorsch mit Kräuterpesto als Vorspeise und danach ein Seeteufel-Kebap mit Jakobsmuscheln sowie Café und Dessert für gerade einmal 15 Euro – das soll dem Memmo Baleeira so schnell und so köstlich mal einer nachmachen! Und das hat auch sicherlich mit dazu geführt, dass *Travel + Leisure*, Englands führendes Reisemagazin, das Memmo Baleeira in die Riege der »Top 35 Best Affordable Beach Resorts in the World« gewählt hat. Auch wir können uns kaum ein besseres Hotel zwischen Sagres, El Jadida und Newport, Virginia, vorstellen …

PORTUGAL

The Vine

MADEIRA

Machen wir uns nichts vor: Nach Madeira, auf die Insel des ewigen Frühlings, fährt zumeist, wer bereits im Herbst des Lebens angekommen ist – das bestätigt schon ein Blick auf die Mitreisenden am Abfluggate. Warum dem so ist, lässt sich nur schwer nachvollziehen, denn eigentlich ist die Insel ein einziger großer Abenteuerspielplatz mitten im Atlantik. Mit Bergen zum Besteigen, Wasserläufen zum Entlangwandern und Urwäldern, in denen man nicht mehr aus dem Staunen herauskommt. Dazu gibt es schroffe Fels- und Klippenlandschaften, bunte Bilderbuchdörfchen und die strahlend weiße Inselhauptstadt Funchal. Wenn auf Madeira überhaupt etwas fehlt, dann sind das lange Sandstrände, planschtaugliche Wassertemperaturen und mehr Hotels vom Format des im Sommer 2009 eröffneten The Vine: sehr modern, sehr luxuriös und gleichzeitig auch sehr intim und entspannt. Seine Lage über einer neuen Shopping-Mall mit direktem Zugang zu den Geschäften mag zunächst einmal überraschen – und vielleicht sogar zu kritischem Naserümpfen verführen. Letztendlich erweist sie sich aber als ideal, denn man residiert hier mitten im Zentrum von Funchal, ist aber trotzdem nur zwei Straßen vom Wasser entfernt und blickt vom Hotel aus auf das Treiben in den Straßen hinunter. Damit wären wir auch schon beim eigentlichen Highlight des Hotels angekommen: der Dachterrasse, die zu Europas atemberaubendsten gehört und einen Rundumblick auf die Berge, den offenen Atlantik und die Stadt gewährt. Steht man hier oben, während der Himmel langsam den Blauton des Meeres annimmt, ein hell erleuchteter Cruise Liner aus dem Hafen ausläuft,

laue, nach exotischen Blüten duftende Luft von den Hügeln herunterweht und in den Häusern am Hang langsam die Lichter angehen, dann weiß man eigentlich gar nicht, was man sagen und später schreiben soll – weil sich solche Situationen zwar in banale Worte fassen lassen, jedoch nicht in Sätze, die auch nur halb so beeindrucken wie dieses Spektakel selbst.

Doch man steigt dem The Vine natürlich nicht nur zur Blauen Stunde aufs Dach, sondern auch tagsüber wegen der bequemen Liegen, der Lounge-Musik und wegen der beiden Pools. Und später am Abend begibt man sich erneut dorthin, wegen der Open-Air-Bar und der Dreisterneküche von »Consultant Chief« Antoine Westermann. Französisches aus inselfrischen Zutaten lässt der gebürtige Elsässer im Restaurant UVA servieren – sein gedämpfter Loup de Mer auf Austerntatar, die gebratenen Jakobsmuscheln mit Hasel- und Walnüssen sowie das gesalzene Karamellknuspergebäck auf Kaffeeeis sind solch ein Hochgenuss, dass man darüber fast den Ausblick vergessen könnte.

Wer später im Bett den Eindruck hat, unter einem Himmel aus überdimensionierten Reben zu schweben, sollte das nicht unweigerlich auf ein paar Gläser zu viel während des Essens zurückführen, sondern auf das Lichtkonzept von Innenanarchitektin Nini Andrade Silva. An den abgehängten Decken sind riesige, stark vergrößerte Fotos angebracht, die Details von Weinstöcken zeigen, und die Betten sind so geschickt von unten beleuchtet, dass man glaubt, sie würden tatsächlich ein Stückchen über dem hochglanzpolierten Betonboden fliegen. Solche kleinen Rafinessen wirken ebenso elegant und gelungen wie die konsequente Reduzierung auf einige wenige, Madeira

prägende Farben und Materialien. So wohnt man im The Vine je nach Zimmer- oder Suitenkategorie entweder in Lavaschwarz, Felsgrau, Traubenrot, Astbraun oder Weinblattgrün. Und morgens beim Gang durch das Bad erfreuen sich die nackten Füße einer kostenlosen Reflexzonenmassage auf den runden Kieselsteinen, die einst inselweit zum Straßenbau eingesetzt wurden und heute noch überall zu sehen sind.
Schade nur, dass es Nini nicht bei diesen hübschen Details beließ, sondern stattdessen auch noch handtuchhalterfreie Wannen in die Mitte der Zimmer platzierte oder Lichtschalter einbaute, die nur findet, wer bei der (Ein-)Führung aufgepasst hat und außerdem bereit ist, vor jedem Betätigen einen gespannten Vorhang zur Seite zu schieben. Ebenfalls ziemlich unpraktisch und ebenso lästig sind die kleinen Levadas in den Bädern, die an die künstlichen Wasserläufe auf der Insel erinnern sollen: Sie laufen nach dem Duschen über und ergießen sich in munteren Sturzbächen zimmerwärts. Daher unser gutgemeinter Vorschlag an die Eigentümer: Bitte Senhora Andrade Silva so lange in ihren eigenen Entwürfen wohnen lassen, bis sie Nachbesserung gelobt!
Uneingeschränkt gute Laune macht am nächsten Morgen hingegen das Frühstück, das man entweder im coolen Lobby-Restaurant oder draußen, in einem überdimensionierten Weinlesekorb sitzend, auf einer kleinen Terrasse einnehmen kann. Zu den kulinari-

schen Besonderheiten des The Vine gehört nämlich der erste und einzige Hotelbäcker auf der Insel, der seine köstlichen, aus Weinkernmehl hergestellten Brot- und Süßwaren am liebsten noch ofenwarm auf den Büfetttisch bringt.
Und da wir schon wieder beim namensgebenden Wein sind: Zwei Etagen tiefer, im Kellergeschoss, dreht sich im edlen Spa natürlich auch alles um die Kraft aus den Reben und Trauben. Vinotherapy ist hier unten angesagt – weil's schön macht, freie Radikale fängt und angeblich sogar der Zell- und Hautalterung entgegenwirkt. Ob das stimmt? Keine Ahnung. Sollte es dem The Vine aber tatsächlich gelingen, eine jüngere Klientel auf die Insel zu bringen, dann kann es zumindest nicht schaden, wenn wir jetzt schon vorsorgen. Wäre doch wirklich peinlich, wenn wir es wären, die beim nächsten Madeira-Besuch am Abfluggate für Reisende im Herbst des Lebens gehalten werden.

J. K. Place

CAPRI

Wahrer Luxus steckt meist im Detail und bleibt dem oberflächlichen Betrachter, der nur den sichtbaren Superlativ zu schätzen weiß und deshalb das Größte, Glänzendste, Modernste und Mondänste am liebsten hat, fast immer verborgen. So wie die schmale Treppe und der steile Pfad, die vom J. K. Place hinunter ans Meer führen. *Dio me ne guarda*, »Gott bewahre«: Es ist gewiss kein Traumstrand, der dem Hotel da unten zu Füßen liegt. Aber es ist ein Strand, und es gibt einen direkten Zugang dorthin – ein Standortvorteil, mit dem kein anderes Hotel auf Capri aufwarten kann. Doch damit nicht der Privilegien genug! Die weiße, neoklassizistische Villa über dem Meer hat noch mehr zu bieten. Zum Beispiel gerade einmal 22 Zimmer und Suiten – davon 20 mit Traumblick auf den Golf von Neapel und den Vesuv. Oder die tatsächlich einzigartige Lage auf einer Klippe oberhalb der Marina Grande und unterhalb von Capri-Stadt. Für die täglich einfallenden Tagestouristen ist das absolutes Niemandsland. Für die J. K.-Gäste hingegen ist es das Paradies. Denn wie übervoll es auf der restlichen Insel gerade mal wieder ist, kann man vom Hotel aus lediglich anhand der Anzahl der in Richtung Blaue Grotte vorbeiziehenden Fischerboote erahnen. Mehr bekommt man von den Menschenmassen nicht mit. Es sei denn, man lässt sich im hoteleigenen Golf Cart zur Piazetta hinauffahren. Das sollte man aber besser erst am frühen Abend tun. Bis dahin gehört der Tag dem Hotel, seiner Grandezza und dem Müßiggang. Man beginnt ihn mit einem

ausgedehnten Frühstück auf der Terrasse, versinkt danach vielleicht auf ein Lesestündchen in der mit Kunstbänden und Coffe-Table-Books bestens sortierten Bibliothek oder gleich im großen Pool. Nach dem Auftauchen wird man wahrscheinlich ein wenig mit der elektrisch verstellbaren Rückenlehne seiner Sonnenliege herumspielen und nicht allzu lange darauf warten müssen, dass einem der Pool-Boy eine frische Tube Sonnencreme reicht. J. K. Place ist darauf zu lesen – und natürlich ist sie kostenlos, weil so viel Service zu so einem Platz an der Sonne einfach dazugehört.

»J. K.«, das steht für Jonathan Kafri, den Besitzer des Hauses. 2003 eröffnete der Italo-Israeli an der Piazza Santa Maria Novella in Florenz sein erstes Hotel. Vier Jahre später folgte die Dependance auf seiner Lieblingsinsel. Das Konzept ist in beiden Häusern gleich: wenige Zimmer, dafür aber sehr viel Platz und ein Ambiente, in dem man sich wie ein privater Hausgast fühlt – und nicht wie der zahlende Kunde eines Fünfsternehotels. Für das Interior-Design beider Hotels war der Designer Michele Bönan verantwortlich. Doch während das J. K. Place in Florenz so aussieht, als ob man die Londoner Stadtresidenzen eines Oscar Wilde oder Henry James in die heutige Zeit versetzt hätte, gleicht das J. K. Place auf Capri eher den Sommersitzen des amerikanischen Ostküstenadels.

Lunch im Garten oder vielleicht doch lieber im Hotelrestaurant? Keine einfache Wahl. Für den Garten spricht der Ausblick auf das Meer, an dem man sich wohl nie sattsehen kann, fürs Restaurant das am Vorabend erworbene Pucci-Shirt, das so wunderbar zu den himmelfarbenen Wänden passt. Serviert wird hier wie da Capri-*Cuisine* – ein bisschen traditionell, ein bisschen trendy, fast immer sommertagsleicht und garantiert nie auf der Karte zu finden, weil eine solche gar nicht existiert. Schließlich soll man sich ja wie im Ferienhaus von Freunden fühlen – und da kommt auch kein Kellner mit einem mehrseitigen Menüvorschlag an den Tisch …

Palm Beach, die Hamptons, der Glamour der Fünfziger- und Sechzigerjahre sowie die antike Vergangenheit der Insel haben Bönan inspiriert. Am beeindruckendsten ist ihm dieser eklektische Mix in der Lounge gelungen, wo Meerblau und Gischtweiß die Farbtöne angeben, silbergerahmte Fotografien den Inselglanz der Dolce-Vita-Jahre heraufbeschwören und zwei raumhohe Säulenreplikate an jene noch prachtvollere Zeit erinnern, in der Kaiser Tiberius von Capri aus sein Reich regierte.

Ob paspelierter Kissenbezug oder perfekt geschwungenes Treppengeländer – fast alles was im J. K. Place das Auge des Ästheten erfreut, wurde von Bönan selbst entworfen und eigens für das Hotel hergestellt. Das gilt auch für die Einrichtung der in goldenem Gelb, kräftigem Marine oder strahlendem Weiß gehaltenen Zimmer und Suiten. Was hier besonders beeindruckt, sind die großzügig bemessenen Marmorbäder und die ebenfalls recht groß ausgefallenen Himmelbetten, die weit über dem gängigen Fünf-Sterne-Niveau angesiedelt sind.

130, 131

Bis bei Capri die rote Sonne im Meer versinkt, dauert es noch ein Stündchen. Genug Zeit also für eine entspannende Massage oder eine entschlackende Detox-Behandlung im exklusiven Spa des Hauses. Und das ist tatsächlich so exklusiv, dass kein weiteres Hotel auf der Insel oder entlang der gegenüberliegenden Amalfiküste die hier zum Einsatz kommenden Produkte und Philosophien des britischen Wellness-Labels ESPA verwenden darf. Abgesehen von seiner Exklusivität ist das Spa aber auch noch sehr hübsch und außerdem so wohlplatziert, dass man seinen *After-Treatment-Tea* auf einer vorgebauten Terrasse im Schatten des alles überragenden Monte Barbarossa einnehmen kann.

Später am Abend – selbstverständlich hat man sich vorher von der Hotelterrasse aus versichert, dass auch das letzte Hydrofoil und die letzte Touristenfähre die Insel verlassen haben – entscheidet man sich dann doch noch für die Fahrt hinauf nach Capri-Stadt. Im winzig kleinen Laden von Amedeo Canfora ersteht man ein weiteres Paar handgearbeiteter Leder-Flip-Flops, bei Carthusia, der Klosterparfümerie, gleich mehrere Flakons mit dem Duft der Insel und bei La Conchiglia einen Stapel kunstvoll gestalteter Capri-Bücher aus dem Eigenverlag. Doch dann macht man sich auch schon wieder leichten Herzens an den Abstieg hinunter ins J. K. Place – der ja eigentlich ein Aufstieg ist, weil kein anderer Ort auf der Insel so viel Hochgenuss bietet wie dieses Hotel. 15 Minuten dauert der Spaziergang entlang der in den Hang gepflanzten Blumen-, Gemüse- und Zitronengärten. Mit jedem Schritt entfernt man sich dabei ein bisschen weiter von all den sichtbaren Superlativen der Insel, bis hinter einer letzten steilen Treppe die strahlend weiße Fassade des J. K. Place auftaucht und man – so knapp über dem Meer – wieder in die Welt des wahren Luxus eintaucht.

Hotel Raya

PANAREA

»Entschleunigung« ist also angesagt. Das ist Neudeutsch und bedeutet: Wir dürfen wieder Zeit haben, müßiggehen statt hektisch laufen und Langsamkeit nicht mehr lästig, sondern luxuriös finden.
Der ideale Ort für einen »entschleunigten« Urlaub ist das Hotel Raya auf Panarea. Das fängt schon mit der Anreise an: zuerst der Flug nach Neapel, dann das fast ebenso lange Staustehen vom *aeroporto* in den Stadthafen und schließlich die Überfahrt auf die kleinste und älteste der sieben bewohnten Liparischen Inseln. Beim Ablegen unserer Fähre geht hinter dem Vesuv gerade die Sonne unter. Beim Anlegen erstrahlt der Gipfel von Panareas längst erloschenem Vulkan bereits im ersten Licht des neuen Tages. Dazwischen liegen einige wunderbare Stern(guck)-stunden auf dem Oberdeck, eine rotweinschwere Restnacht im Stockbett und die Erkenntnis, dass es mitunter gar nicht so erstrebenswert ist, morgens das eigene Zuhause zu verlassen und mittags bereits an irgendeinem Strand zu liegen.

Von der Hafenmole bis zum Raya Peppe Maria, dem Haupthaus des Hotels, in dem sich auch die Rezeption und das Restaurant befinden, sind es nur ein paar hundert Meter. Wir legen sie zu Fuß zurück, denn Autos gibt es auf dem Mini-Eiland ohnehin nicht, und die Ladefläche des dreirädrigen Hotelrollers bleibt

unserem Gepäck vorbehalten. »Das Raya ist eben nichts Besonderes. Wir haben gerade einmal zwei Sterne«, erklärt uns Myriam Beltrami, die Besitzerin und Seele des Hauses zur Begrüßung – und sie weiß dabei ganz genau, dass sie damit untertreibt. Denn das Raya ist Kult, es zieht Hollywood-Stars wie Harvey Keitel an und zählt Modeschöpfer wie Giorgio Armani zu seinen Stammgästen. Kein anderes Hotel auf dem gesamten Archipel genießt solch einen guten Ruf, verlangt derart hohe Preise und hat so viel Einfluss auf das Image der ganzen Insel. Dass Panarea heute als Jetset-Hochburg gilt, im Sommer mehr Luxusyachten als Fischerboote zählt und im winzigen Tante-Emma-Laden 150 Euro für eine Flasche Rotwein gar nicht so außergewöhnlich sind, liegt vor allem an diesem Hotel und an Signora Beltrami, der ungekrönten Inselkönigin.

Nach einer Weltreise Anfang der Sechzigerjahre landete die resolute Norditalienerin mit ihrem Lebensgefährten, dem Künstler und Designer Paolo Tilche, auf der Insel vor der Küste Siziliens. Zu Beginn lebten die beiden noch in einem alten Fischerhaus, das jedoch bald schon zu klein wurde für all die Freunde aus aller Welt, die immer zahlreicher kamen und immer länger blieben. »Damals«, erzählt uns Beltrami, »brannten nachts noch die Petroleumlampen, und das Wasser kam per Tankschiff. Ein einziger sonnenerwärmter Eimer musste zum Duschen ausreichen. Außerdem gab es auf ganz Panarea nur ein Telefon, und die Fähre zum Festland ging höchstens zweimal in der Woche vor dem Hafenbecken vor Anker. Von dort wurden die Reisenden dann mit Ruderbooten an Land geholt. Jeglicher Komfort fehlte auf der Insel und trotzdem – oder gerade deshalb, kamen all die

berühmten Maler, Musiker und Schriftsteller zu uns.« Einiges hat sich seitdem geändert, anderes ist dagegen so einfach und urtümlich geblieben, wie es immer schon war. So gibt es im Raya zum Beispiel bis heute keine Klimaanlagen, Luxus-Suiten, feste Essenszeiten oder Speisekarten. Serviert wird, was hundertprozentig »bio« ist und garantiert frisch: hausgemachte Pasta, Pesto aus Inselkräutern, gegrilltes Gartengemüse, dazu fangfrischer Fisch und danach Halbgefrorenes aus heimischen Zitronen, Vodka und Champagner. Gegen 21 Uhr sollte man allerdings auf jeden Fall da sein. Denn dann erscheint allabendlich auch die Signora auf der großen, von Kerzen beschienenen und mit Strohmatten überdachten Terrasse, um persönlich am Essen teilzunehmen. Sonst könnte es passieren, dass man leer ausgeht. Im Anschluss zieht man sich an die kleine Bar zurück. Oder man staunt, so wie wir, vom Liegestuhl aus über den Stromboli – Europas einzigen noch aktiven Vulkan, der auf der gleichnamigen, etwa 20 Kilometer entfernten Nachbarinsel sein Unwesen treibt und in mehr oder weniger regelmäßigen Abständen feuerrote Steinbrocken, schäfchenweiße Aschewolken und zeitlupenlangsame Lavaströme in Richtung Himmel oder Meer schickt.
Tief in der Nacht flanieren wir im Schein unserer Taschenlampen – Straßenbeleuchtung gibt es auf Panarea bis heute nicht – zum fünf Minuten entfernten Raya Alto, in dem fast alle Gästezimmer untergebracht sind und das mit seinen vielen Treppchen, Terrassen und Gärten wie ein kleines eigenständiges Dorf am Dorfrand aussieht.
Es ist der zweite Tag unserer Reise, die erste Nacht auf Panarea und Jahre her, dass wir uns so schnell so entspannt gefühlt haben …

Als »kleine Teile des Himmels, die in die See gefallen sind«, bezeichnte Guy de Maupassant einst die Liparischen Inseln. Wie klein und himmlisch diese Teile tatsächlich sind, wird am nächsten Morgen klar, als wir uns aufmachen, die Isola zu entdecken. Eine Straße, zwei steinige Strände, drei winzige Dörfer und dazu noch ein paar Oleander-, Agaven- und Bougainvilleengesäumte Wanderwege – mehr haben die vier Quadratkilometer Land mitten im Meer nicht zu bieten. Als guter Schwimmer kann man die Insel sogar auf einmal umrunden – so wie Myriam Beltrami es noch bis vor ein paar Jahren getan hat. Heute begnügen sie und die meisten ihrer Gäste sich jedoch mit Bädern in den Thermalpools des Hotels. Vor allem dem kleinsten der vier Becken spricht die Signora wahre Zauberkräfte zu: »Das Wasser darin kommt direkt aus dem Punta del Corvo, unserem Inselberg. Es wird weder gekühlt noch gefiltert, und es wirkt wie ein zweites Lourdes.« Ob das stimmt, können wir trotz intensiver Nutzung bis heute nicht wirklich bestätigen. Tatsache ist jedoch, dass die braune, leicht schwefelig riechende Brühe sogar die wilden Bambini von der Nachbarliege direkt nach dem Eintauchen in stille Genießer verwandelt – und das grenzt tatsächlich an ein himmlisches Wunder.

Baden, ein bisschen Wandern, sich aufs Abendessen freuen und bis es so weit ist, von seinem Logenplatz über dem Dorf aus das kristallklare Meer und den ständig rumorenden Vulkan genießen – mehr gibt es im Raya und auf Panarea ganz einfach nicht zu tun. Daran muss man sich erst einmal gewöhnen. Viel schwerer ist es aber, sich von so viel *dolce far niente* am Ende des Aufenthalts wieder zu entwöhnen und zurückzukehren in diese viel zu schnelle Welt, die nur eine Fährnacht vom Hotel entfernt beginnt.

Ca' Pisani

VENEDIG

Betrachtet man Venedig von ganz weit oben, dann sieht die Stadt wie ein großer fetter Fisch aus, der durch die Lagune landeinwärts schwimmt. Dort, wo sein »Bauch« am dicksten ist, liegt Dorsoduro. Mit so großartigen Attraktionen wie dem Markusplatz oder der Seufzerbrücke kann das Viertel auf der vermeintlich »falschen« Seite des Canal Grande nicht aufwarten. Dafür findet man hier aber mehr Venezianer als Touristen in den Gassen und auf den Brücken (was im Grunde einer noch viel größeren Attraktion gleichkommt!) sowie zwei der wichtigsten Kunstmuseen Venedigs: die Peggy Guggenheim Collection mit ihrer Sammlung moderner Klassiker und die in einem alten Kloster untergebrachte Gallerie dell' Accademia, die einige der kostbarsten Werke der venezianischen Renaissance zeigt. Vom Kreuzgang der Accademia nur durch eine schmale Gasse getrennt, liegt das Ca' Pisani – eigentlich eine weitere Attraktion im Viertel, die zum Glück aber kaum bekannt ist. Denn dieses Hotel ist nicht nur die erste Designerherberge, die in der Stadt eröffnet wurde, sondern es ist bis heute auch das einzige Haus in der Lagune, das von der Kellerbar bis zum kleinsten Zimmer unter dem Dach ganz mit Originalmobiliar im Stil des Art déco sowie der Dreißiger- und Vierzigerjahre eingerichtet ist. Da sich dieser innenarchitektonische Schatz

jedoch hinter den dicken Mauern und der eher unscheinbaren Tür eines alten Palazzo verbirgt, laufen die meisten achtlos daran vorbei. Gut so, denn diese Trutzburg des guten und individuellen Geschmacks braucht keine Touristenhorden, die über ihre Kamin-Lobby herfallen oder sich in der Weinbar fotografieren lassen, sondern stille Genießer. Gäste, die ebenso lust- wie ehrfurchtsvoll durch die Gänge flanieren, hier ein seltenes Intarsiendetail auf einer Tür entdecken, dort ein Bild von Fortunato Depero, einem der Begründer des italienischen Futurismus, bewundern und die beim Anblick eines uralten hölzernen Rudergeräts oder riesiger Murano-Luster in Kraken- oder Flammenform noch staunen können wie sonst nur Kinder.

29 Zimmer und Suiten zählt das Ca' Pisani, alle unterschiedlich eingerichtet und alle kleine Kunstwerke. Mitunter ging man während des zweijährigen Umbaus des ehemaligen Bürogebäudes zum Hotel wunderbar unkonventionell mit den räumlichen Gegebenheiten um. So wurde in einer Suite zum Beispiel ein gläsernes, über eine Wendeltreppe erreichbares Galeriegeschoss eingezogen, auf dem sich heute der Schlafbereich befindet. Die Räume waren schließlich mehr als hoch genug, nachdem man die abgehängten Decken entfernt hatte und erst Meter darüber auf das alte Dachgebälk aus dem 14. Jahrhundert gestoßen war. Weshalb dann also nicht den Platz nach oben nutzen, wenn schon die meter-

dicken Palazzomauern einer Erweiterung der Grundfläche entgegenstanden?
Zuständig für die gesamten Umbauarbeiten war der venezianische Architekt Roberto Canovaro, der sich auf Hotelrenovierungen in seiner Heimatstadt spezialisiert hat (er zeichnete auch für das luxuriöse Ca' Sagredo verantwortlich) und die besten Handwerker innerhalb und außerhalb der Lagune kennt.
Canovaros Idee: all die Kunst- und Designobjekte sowie die wunderbar restaurierten Wurzelholz- und Nußbaummöbel, die Ugo Serandrei, der Padrone des Pisani mit Kennerblick zusammengetragen hatte, mit den erdigen Renaissance-Farben aus der Entstehungszeit des Pisani zu kombinieren und mit Spiegelflächen, Terrazzo-Böden sowie goldenen und silbernen Bändern an den Wänden »aufzufrischen«. Dazu kamen ebenso kunstvoll wie aufwendig gefertigte Details wie etwa in Glastüren geätzte Fische – die Erkennungszeichen des Hotels – oder geschwungene Handläufe in den Aufgängen. Und damit das Ganze auch in der heutigen Zeit avantgardistisch und nicht anachronistisch wirkt, vergaß Canovaro nicht, kontrastrierende Industrieleuchten und ein paar Luxus-Hightech-Goodies in den Zimmern unterzubringen.
Ungewöhnlich für ein Vier-Sterne-Haus dieser Größe in Venedig: die kleine, aber nach einem Winterspaziergang durch die Lagunenstadt wohltuende Sauna unter dem Dach. Noch eine Etage höher – und eher

SOUTHERN COMFORT
BATIDA DE COCO
BOLS
BOLS
BOLS
BOLS
BOLS
ELEKTRA

für einen Apero an einem lauen Sommerabend geeignet – befindet sich eine romantische Terrasse mit Blick über die Dächer Dorsoduros. Besonders eindrucksvoll ist es, hier bei Sonnenuntergang eines der großen Kreuzfahrtschiffe im nahen Canale della Giudecca ein- oder auslaufen zu sehen. Angesichts der Dimensionen dieser Riesenpötte kommt man sich dann wie in einem Spielzeugdorf vor, und die vorübergleitenden Deckaufbauten scheinen zum Greifen nah. Hinüberspringen und mit dem Schiff fahren möchte man aber trotzdem nicht. Stattdessen entschwindet man lieber im verglasten Hotelaufzug in Richtung Untergeschoss, wo sich das Restaurant La Rivista befindet. Tagsüber dient es als schnelle Snackbar für Gäste und Geschäftsleute. Abends kann man draußen auf der Straße oder drinnen auf dunkelroten Ledersofas typische venezianische Küche genießen.

Auf der Speisekarte stehen zum Beispiel »Pasta e Fagioli«, die bekannte Bohnensuppe mit Nudeln, oder Kalbsleber mit Polenta, und zum Nachtisch gibt es Zabaglione-Eis mit Baicoli-Keksen, deren Rezept älter ist als das gesamte Haus.

Zum anschließenden Verdauungsspaziergang empfehlen wir einen Bummel an der Uferpromenade Fondamenta delle Zattere, die nur ein paar Meter vom Ca' Pisani entfernt liegt. Sie bietet von ihrem östlichen Ende einen Traumblick auf den Canal Grande sowie den Markusplatz und auf ihrer gesamten Länge die Aussicht auf vorbeischaukelnde Vaporettos, Taxiboote, Lastkähne und die Autofähren, die zwischen dem Lido und der Stadt verkehren. So gut und »richtig« kann es sich anfühlen, wenn man auf der vermeintlich »falschen« Seite des Canal Grande residiert.

Ca' P'a

PRAIANO

Ach, könnte man doch malen oder Gedichte schreiben, in denen sich »Land, in dem die Zitronen blühen« auf »Gold-Orangen glühen« reimt. Komponieren wäre übrigens auch in Ordnung. Da man aber nichts davon beherrscht, steht man nur da und staunt mit offenem Mund, des Atems beraubt. Letzteres könnte allerdings auch von den vielen Stufen und Umwegen herrühren, die man auf der Suche nach dem *casa privata* – kurz Ca' P'a genannt – zurückgelegt hat. Kein noch so kleines Schild weist den Weg in dieses Sechs-Zimmer-Paradies kurz vor dem Ortsausgang von Praiano an der Amalfiküste. Stattdessen ist Treppenlaufen angesagt, mehrfaches Befragen Einheimischer und Sich-per-Handy-durch-das-Gassengewirr-lotsen-Lassen. Dann stehen wir irgenwann aber doch vor dem schwarzen Eisentor, klingeln und werden von Hausherr und Jung-Hotelier Max Hareiter eingelassen. »Unser Haus finden eben nur die, die es auch finden sollen«, erklärt er halb schelmisch, halb schuldbewusst beim Anblick unseres in Schweiß aufgelösten Zustands zur Begrüßung. Ein bisschen sieht der smarte Österreicher aus wie der talentierte Mr. Ripley aus dem gleichnamigen Film mit Matt Damon; das könnte aber auch an unserer Sauerstoffunterversorgung liegen. Ganz sicher keine Fata Morgana ist jedoch der Blick, der sich hinter seinem Rücken auftut und den bereits beschriebenen Wunsch nach künstlerischen Ausdrucksmöglichkeiten weckt: nichts als Weinlauben, Wasserbecken, Rosenbeete, Rasenflächen, Zypressenhaine, Zitronenbäume sowie jede Menge weiteres, auf Terrassen angelegtes Blumenbunt und Heckengrün, das sich unterhalb eines letzten steilen Felsvorsprungs ins Meer zu ergießen scheint. 5000 Quadratmeter misst der einzigartige Privatpark des Ca' P'a, der von keinem Geringeren als dem belgischen Gartengott Jacques Wirtz angelegt wurde.

»Als wir das Grundstück vor etwas mehr als zehn Jahren bei einem Bootsausflug vom Wasser aus entdeckten, war alles völlig heruntergekommen und zugewachsen. Aber wir wussten, dass man aus diesem wilden Garten und der dazugehörigen Ruine etwas machen konnte«, erzählt Max. Geplant war ein Ferienhaus für ihn, seine Schwester Rosa und die Eltern. Schließlich verbrachte das Quartett schon seit vielen Jahren den Sommer in der Region, und für Familienvater Laurids Ortner, einen der bekanntesten österreichischen Architekten, waren die anstehenden Arbeiten und Herausforderungen eine ideale Verbindung von Beruf und Hobby. Fünf Jahre dauerte die Renovierung. Alte Fresken wurden in dieser Zeit freigelegt und neue Treppen eingebaut, eine große, zum Garten hin offene Küche installiert und ein kleiner, intimer Salon direkt daneben eingerichtet. Als alles fertig war, entpuppte sich das Haus zwar als wunderschön, aber auch als viel zu groß für eine einzige Familie. Wer letztendlich die Idee hatte, aus dem Anwesen ein Hotel zu machen, lässt sich heute nicht mehr so genau sagen. Fest steht jedoch, dass Rosa und Max sich schon bald als künftige Hoteliers sahen und dafür zunächst einmal sämtliche Studienpläne hintanstellten. Mit wenig Italienischkenntnissen, aber vielen guten Ideen im Kopf verlegten sie damals ihren Hauptwohnsitz an die Amalfiküste. Ihr wichtigstes Anliegen: Der intime Charakter des Hauses sollte unbedingt gewahrt bleiben. Deshalb darf man sich als zahlender Gast zum Beispiel jederzeit aus dem Küchenkühlschrank selbst bedienen – so als wäre man ein Freund der Familie. Frühstück wird im Ca' P'a

rund um die Uhr serviert, mehr aber auch nicht. Man führt ja schließlich kein Restaurant! Darüber hinaus sind Trinkgelder verpönt. »Kultivierte Privacy« heißt das selbstkreierte Zauberwort für diese Art von Special-Service. Sehr kultiviert und sehr privat präsentieren sich auch die vier Zimmer und zwei Suiten des Hauses. Die Einrichtung, ein eklektischer Mix aus Designklassikern, zumeist lokalen, in Würde und mit Gebrauchsspuren gealterten Antiquitäten und eigenen Entwürfen, zeigt bis ins kleinste Detail, dass man bei einer Architektenfamilie von Weltrang zu Besuch ist. Besonders auffällig sind die vielen großen Glaskästen, die ein bisschen wie im Naturkundemuseum aussehen und vom Boden bis unter den Deckel mit Kunst- und Architekturbüchern sowie Zeitschriften vollgestapelt sind. Ein Tag Regenwetter wäre da zum Schmökern nicht schlecht. Doch der ist im Sommer so selten, dass Max und Rosa Hareiter ihre Gäste animieren,

durchaus einmal im vermeintlich unbeständigen und kalten Winter anzureisen – wegen der intensiveren Farben, der Wolken, der Lichtspiele und wegen der Ruhe, die zwischen Dezember und Februar selbst im benachbarten Amalfi oder Positano einkehrt.
Wer trotzdem im Hochsommer bucht, soll auch »die heißen Nächte mitbekommen – mit unruhigem Schlaf vielleicht, aber auf jeden Fall unvergesslich«. Eine Klimaanlage gibt es im Ca' Pa nämlich nicht. Erstens käme sie bei 4,30 Meter hohen Steinwänden nur selten zum Einsatz, und zweitens steht es jedem Gast frei, allzu schwüle Nächte im Garten zu verbringen. Jedem Zimmer ist dort noch einmal ein weiteres mauer- und deckenloses »Garten-Zimmer« zugeordnet. Oder man schläft draußen auf der eigenen Terrasse, die man ohnehin nur ungern verlässt, weil so ein privater Logenplatz über dem Garten und dem Meer 24 Stunden am Tag die beste Aussicht bietet: Im Morgengrauen sieht man von hier oben die ersten Pendlerfähren in Richtung Neapel vorbeiziehen, später kommen dann die Ausflugsboote und Wassertaxis, und gegen Mittag kreuzen schließlich Luxusyachten auf. Gegen vier Uhr erstrahlt Gallo Lungo, die vorgelagerte kleine Privatinsel, die einst Rudolf Nurejew gehörte, im schönsten Licht, und ein paar Stunden darauf sieht man bei klarem Wetter, wie bei Capri die rote Sonne im Meer versinkt. Und auch wenn man weder malen, noch schreiben oder komponieren kann – leises Singen oder Summen vor Glück ist dann auf jeden Fall erlaubt.

Adriana

HVAR

Ein laues Lüftchen hatten wir erwartet, frische Erdbeeren und Champagner auf dem Oberdeck. Doch auf der Überfahrt von Split nach Hvar gibt es nur einen Luxus: Um die einschlägig bekannten Tütchen für empfindliche Seefahrermägen müssen wir uns nicht selbst bemühen; sie werden stets zuvorkommend von starker Matrosenhand gereicht. Eine ebenso vorbildliche wie notwendige Maßnahme, wenn man bedenkt, dass außer uns noch 60 weitere seekranke Passagiere ihrem Ziel entgegenspucken … Dabei war alles ganz anders geplant: Keine fünf Limousinenminuten vom Airport entfernt sollte uns eigentlich die hoteleigene Luxusyacht in Empfang nehmen. Doch bei solch einem Wellengang muss sie leider im Hafen bleiben. Stattdessen fahren wir zunächst mit dem Taxi hinein in die Stadt und von dort weiter mit dem öffentlichen Schnellkatamaran hinaus aufs Meer. Gefühlte 20 und gezählte zwei Stunden dauert das Geschaukel über die gichtweiße See, dann tauchen endlich die Hügel von Hvar und das windgeschützte Hafenbecken des gleichnamigen Inselhauptstädtchens am Horizont auf.

Statt der Bora, jenem nach Südsee klingenden Nordwind, weht uns auf dem kurzen Weg vom Bootsanleger zum Hotel der versöhnliche Geruch von wildem Salbei, Rosmarin, Fenchel, Thymian und Ginster entgegen. In diesen ersten Apriltagen scheint die Natur auf dem sonnenreichsten und wärmsten Adria-Eiland regelrecht zu explodieren. Überall grünt, blüht und duftet es. Nur der Lavendel, für den Hvar so berühmt

ist und der im Sommer ausschließlich in den kühlen Morgenstunden geerntet werden kann, da er später am Tag einen so intensiven Geruch ausströmt, dass man beim Pflücken schnell ohnmächtig würde, lässt noch auf sich warten. Im Adriana ist er allerdings auch zu dieser Jahreszeit schon omnipräsent. Von der Kopfkissenpaspel bis zum Kleiderbügel, von den Vorhängen bis zu den Flip-Flops, die in diesem Hotel die geschmacksfreien Frotteeschlappen ersetzen: Lavendellila überall! Und wenn doch einmal auf die Farbe verzichtet wurde, dann riecht und spürt man den Lavendel umso intensiver. So etwa im mehrfach preisgekrönten Sensori spa, in dem die Heilpflanze gemischt mit anderen Inselkräutern und heimischem Meersalz auf 1400 Quadratmetern Verwöhnfläche zum Dauereinsatz kommt.

Der nächste Morgen: Aufwachen mit der Aussicht auf Fischerboote im Hafen und Frühstück auf der Hotelterrasse. Doch vorher steigen wir unserer Designerherberge noch schnell aufs Dach, drehen hoch über dem Hafen ein paar Runden im spektakulären Salzwasserpool, dehnen unsere immer noch sturmverkrampften Muskeln beim *Rooftop*-Yoga und lustwandeln danach durch die kleine, kühn in den Hang gesetzte Grünanlage mit ihren im Schatten gelegenen Daybeds und Whirlpools. Auf Hvar hat gerade die Karwoche begonnen, und wir sind uns sicher, dass es von hier oben bis in den Himmel nur noch ein sehr kleiner Schritt sein muss …

Erbaut wurde das Adriana in den Siebzigerjahren, damals noch als einfache Touristenabsteige für sparsame Nordeuropäer. Dass es sich bei diesem Hotel nicht um einen Neubau handelt, sondern um ein für mehrere Millionen Euro umgebautes Relikt aus den Zeiten des jugoslawischen Realsozialimus, merkt man an einigen Stellen bis heute. So fehlte für eine große, repräsentative Lobby damals das Verständnis und später beim Umbau ganz einfach der Platz. Die relativ bescheidenen Standardzimmer müssen ohne Balkon auskommen, und die kleinen, nur durch Glaswände vom Restraum abgetrennten Bäder sind auch nicht unbedingt nach dem Geschmack verwöhnter Luxusreisender. Trotzdem gehört das Adriana heute als erstes kroatisches Haus zur Vereinigung der »Leading Hotels of the World« – und zu den besten Herbergen des Landes. Im Portfolio von Suncani hvar, der inselansässigen Minihotelkette, ist es ohnehin die unangefochtene Nummer eins von neun sehr unterschiedlichen Häusern in allen Preisklassen. Das Unternehmen verfügt außerdem über einen wunderbar altmodischen Beach Club aus den Dreißigerjahren mit türkis gestrichenen Cabanas und Pontons aus Teakholz. Hier im Bonj »les bains« lässt sich erahnen, wie mondän es auf der Insel einst zuging – und in den Sommermonaten inzwischen auch wieder zugeht.

Zu Kaiserszeiten waren es die Schiffe des österreichischen Lloyd, die auf ihrem Weg von Triest nach Korfu in Hvar haltmachten, um den sonnenhungrigen Adel an Land zu lassen. Heute sind es die Megayachten von Bill Gates, Tom Cruise, Ivana Trump, Valentino oder Roman Abramowitsch, die hier alljährlich vor Anker gehen. Hvar ist hip, es gilt als das neue St. Tropez, und ist laut dem amerikanischen Lifestyle-Reisemagazin *Condé Nast Traveler* außerdem eine der zehn schönsten Inseln der Welt. Kein Wunder also, dass die High Society hier auftaucht – um zu sehen und natürlich auch um gesehen zu werden.

Doch davon ist an diesem Frühlingsabend im Val Marina, dem ausgezeichneten Seafood-Restaurant des Adriana, nichts zu spüren. Ein paar Wochen lang gehören das Hotel und die gesamte Insel noch den stillen Genießern, den Seefesten und den Abenteurern. Jenen Gästen also, die auch dann kommen, wenn draußen auf dem Meer die frühlingsfrische Bora bläst und die Überfahrt mit der (hotel)eigenen Luxusyacht im wahrsten Sinne des Wortes ins Wasser fallen muss.

Kempinski Palace Portoroz

PORTOROZ

Eigentlich klingeln bei uns die Alarmglocken, wenn im Namen eines Hotels auch der einer bekannten (Luxus-)Kette steht. Denn ob Hilton oder Hyatt, Fairmont oder Four Seasons – von wenigen Ausnahmen abgesehen, fehlt es den internationalen Kettenburgen ganz einfach an Seele und Stil. Weil vorgegebene Servicestandards dort meist noch immer wichtiger als individuelle Gästewünsche sind und weil wir nur ungern um den Globus reisen, um in Zimmern zu schlafen, die überall auf der Welt gleich aussehen. Warum wir trotzdem sofort unsere Koffer gepackt haben, als wir von der Eröffnung des Kempinski Palace in Portoroz hörten? Weil wir Slowenien lieben, das Hotelangebot entlang seiner gerade einmal 45 Kilometer kurzen Mittelmeerküste jedoch eher dürftig fanden. Denn bislang endete man entweder in einem hässlichen Touristenbunker oder in einer nicht viel besseren Privatpension. Tito und das alte Jugoslawien ließen grüßen – und zwar nicht etwa retro-chic, sondern sozialistisch trist.
Ein Grandhotel auf Luxusniveau tat also tatsächlich Not. Und wenn es zu dessen Führung unbedingt internationalen Ketten-Know-hows bedurfte, dann soll dem eben so sein …

Viel haben wir im Vorfeld über das neue/alte Palace gelesen: 1910 öffnete es zu ersten Mal seine Pforten, galt in den folgenden Jahrzehnten als erstes Haus an der Adriaküste und beherbergte so illustre Gäste wie Orson Welles, Yul Brynner, Marcello Mastroianni oder Sophia Loren. Doch mit dem verflixten siebten Jahrzehnt kam dann das Aus für das Palace. Fast ein Vierteljahrhundert stand das Haus im »Hafen der Rosen« leer, bis sich 2003 endlich wieder ein neuer Besitzer fand, der bereit und zahlungskräftig genug war, den Portoröschenschlaf des Palace zu beenden. Fünf Jahre und 70 Millionen Euro wurden in die Um- und Anbauarbeiten investiert. Ein Kraftakt, der jedoch so behutsam ausgeführt wurde, dass sich das denkmalgeschützte Haupthaus und der neue Designertrakt harmonisch ergänzen. Wie gut das funktioniert, wird vor allem in der zweigeschossigen Lobby mit ihrem gläsernen Dach und dem Blick hinaus aufs Meer deutlich. Genau in der Mitte spannt sich eine Brücke über diesen Empfangsbereich, der den alten mit dem neuen Hotelteil verbindet. Auf der einen Seite befinden sich das moderne Spa, eine ganz in Weiß gehaltene Lounge sowie der Zugang zu einem Zimmertrakt, der von leuchtenden Rot-, Pink- und Orangenuancen bestimmt wird. Auf der anderen Seite geht es hingegen sehr viel traditioneller zu: eine klassische Pianobar, ein barock anmutender Ballsaal, elegante Ladengeschäfte und als kulinarisches Highlight das Gourmet-Restaurant Sophia, in dem das Konterfei der Namensgeberin aus jedem einzelnen

160, 161

Bilderrahmen grüßt. Auf der Speisekarte stehen vor allem mediterrane Spezialitäten mit heimischem Einschlag auf haubenverdächtigem Niveau. Für den anschließenden Digestif empfiehlt sich ein Besuch im Damen- oder Herrensalon. Die weibliche Version präsentiert sich ganz in Pink, Creme und Gold sowie mit einer angegliederten Confiserie, in der zuckersüßes und bonbonbuntes Naschwerk angeboten wird. Das männliche Pendant ist hingegen in dunklen Braun- und Rottönen gehalten und verfügt über eine große Whiskey- und Champagner-Bar sowie wunderbar weiche Ledersessel. Doch keine Angst: Natürlich ist all dieser Anachronismus mit einem Augenzwinkern zu verstehen. So werden Paare nach dem Essen auch nicht mehr »zwangsgetrennt« in separaten Zimmern, sondern können sich frei durch die Salons bewegen. Oder sie lassen diese einfach links liegen und flanieren stattdessen gemeinsam durch den illuminierten Hotelpark mit seinen Wasserbecken, Buchshecken und palmengesäumten Kieswegen. Mindestens ebenso romantisch: ein nächtliches Bad in den privaten Whirlpools der Laguna-Suiten auf dem Dach. Nicht ganz so exklusiv und intim, dafür aber genauso stilvoll und entspannend geht es fünf Etagen tiefer im Rose Spa zu. Allein schon der Innen-/Außenpoolbereich mit wechselnder Beleuchtung lohnt den Besuch. Dazu kommen Sauna, Aromadampfbad, Hammam, Jacuzzi und Rasul. Außerdem stehen den Gästen zehn modern gestylte Behandlungsräume für sanfte »Abreibungen« zur Verfügung. Spezialität im Rose Spa sind nämlich Peelings und sonstige Treatments auf Basis heimischer Meersalze. Apropos »heimisch«

und »Meer«: Das Palace verfügt auch über einen Privatstrand, der nur durch eine Straße vom Hotel getrennt ist. Seine Ausmaße sind jedoch eher bescheiden – so wie das Badeplatzangebot im ganzen Ort. Feinen Sand gibt es nur auf wenigen hundert aufgeschütteten Metern, die im Sommer sehr schnell sehr voll werden. Besser also, man macht sich mit dem eigenen Wagen oder einem Leihfahrrad auf die Suche nach einem hübschen *beach* oder mietet sich gleich ein Boot und kreuzt vor der Traumkulisse des benachbarten Fischerörtchens Piran oder der nur wenige Seemeilen entfernten italienischen Adriaküste. Noch näher wäre übrigens ein Abstecher nach Kroatien, das direkt auf der anderen Seite der Bucht beginnt. In Sichtweite des Palace gäbe es dort sogar ein Schwesterhotel samt 18-Loch-Golfplatz. Der Yacht-Transfer hinüber ins neue Kempinski Istria Croatia würde eigentlich keine fünf Minuten dauern. Doch solange Kroatien noch kein EU-Mitglied ist, bleibt der Wasserweg versperrt und die etwa halbstündige Landpartie samt längst überwunden geglaubten Grenzkontrollen als einzige Alternative. Wir waren trotzdem »drüben« und haben ein weiteres erstklassiges Hotel entdeckt – und das, obwohl auch in seinem Namen der einer bekannten (Luxus-)Kette auftaucht! Aber das wäre jetzt wieder eine andere Geschichte …

Hillside Su

ANTALYA

Kann ein Hotel eigentlich sexy sein? Und falls ja: Warum rauben ihm dann weder die Lage in der türkischen Touristenhochburg Antalya noch die vom Keller-Gym bis zum Dachterrassenrestaurant vorherrschende Unschuldsfarbe Weiß nichts von seiner prickelnden Wirkung? Fragen wie diese gehen einem durch den Kopf, wenn man in der Lobby des Hillside Su auf einem der sofaartigen Betten liegt, lümmelt, oder neudeutsch loungt, und den riesigen Discokugeln, die von der Decke hängen, beim Drehen, Funkeln und Widerspiegeln zuschaut. Irgendwie futuristisch mutet das Ganze an und irgendwie auch ein bisschen Siebzigerjahre-retromäßig. Aber auf keinen Fall »hotelig«, was sicher auch daran liegt, dass man sich zwar in der Lobby befindet, der eigentliche Rezeptionsbereich aber in einen (ebenso weißen) Nebentrakt ausgegliedert wurde. Koffer, Taschen und die mit dem An- und Abreisen verbundene Hektik würden in so einem Ambiente nämlich nur stören, vom Design ablenken und von den Gästen, die sich auf den Sofabetten oder direkt daneben, an der mehr als 20 Meter langen Tafel des Sushi-Restaurants glamourös in Szene setzen.

In gläsernen Aufzügen entschwebt man diesem Lifestyle-Idyll in Richtung der 294 Schlafgemächer. Auch hier gilt »weiß, so weit das Auge reicht« – besonders, wenn man eine der vier Suiten gebucht hat. Die größte misst knapp 500 Quadratmeter Wohnfläche und bietet Platz für bis zu sechs Personen. Wer in ihr residieren darf, wird einmal jährlich zum gesellschaftlichen Drahtseilakt. Dann steigen im Hillside Su nämlich sämtliche Stars des Golden Orange Film Festival auf einmal ab, und das Hotelmanagement hat darüber zu entscheiden, ob Kevin Spacey nun mehr VIP ist als Adrien Brody oder Jacqueline Bisset. Schaut man die lebensgroßen Porträtfotos der vielen Promigäste an, die über alle Flure verteilt sind, dann scheint der Job bislang jedoch ganz gut gelungen zu sein: kein einziges schlechtgelauntes Gesicht, dafür aber jede Menge liebgemeinte, handgekritzelte Widmungen …

Doch zurück in das eigene, kleinere Reich und zur Beantwortung der Frage, wie es sich so ganz in Weiß (und ohne Blumenstrauß, dafür aber mit einem lebendigen Goldfisch in einem, unter dem Aspekt der artgerechten Haltung betrachtet, wahrscheinlich eher bedenklichen Kugelglas) eigentlich wohnt.

Die Antwort lautet: ziemlich cool, aber überhaupt nicht unterkühlt. Und vor allem ziemlich praktisch und durchdacht. Im Gegensatz zu vielen anderen Designerhotels setzt man im Hillside Su zwar auch auf den Effekt, jedoch nicht auf die Effekthascherei. Hier gibt es große und geräumige Kleiderschränke, in denen sich auch Koffer problemlos verstauen lassen, jede Menge zusätzliche Ablageflächen, modernstes und leicht bedienbares Hightech-Entertainment und als echtes Gäste-Goodie ein symphatisches »Maxibar System«, das neben den üblichen Drinks und Snacks im Kühlschrank auch noch zwei verschiedene Sorten Kaugummis, Kondome, drei House-CDs, ein Puzzle, Spielkarten, große und kleine Batterien, fünf Sorten Zigaretten sowie knapp hundert (!) weitere Artikel umfasst. Ähnlich gästefreundlich: die »Bath Bar« mit Thermalwasser-Spray, Sonnencreme, Haargel, Zahnseide, (Kinder-)Zahnbürsten, Babyöl, Tampons, Binden und Einwegrasierern. Ach ja, Lippenpflegestifte und Haargummis gibt es auch – und alles kostenlos!
Ebenso unbezahlbar ist der Hinweis darauf, dass Bademäntel selbstverständlich in verschiedenen Größen erhältlich sind und man deshalb nicht – wie in zu vielen anderen Fünf-Sterne-Häusern immer noch üblich – in einem tennisrockkurzen Kleidchen durchs Zimmer läuft oder aber eine brautkleidwürdige Frotteeschleppe hinter sich herzieht.
Ja, in solchen Zimmern hält man sich selbst bei strahlendstem Sonnenschein gerne auf. Nur Zimmermädchen möchte man hier nicht sein, denn auf den weißgelackten Böden wirkt selbst eine einzige Wimper schnell so groß und auffällig wie ein mit Schwung gezogener Edding-Strich … Und wenn man doch einmal findet, dass es farblich zu fad im Gemach zugeht? Dann lässt sich mit Lavalampe oder ausgeklügeltem Beleuchtungssystem ganz schnell eine andere Lichtstimmung zaubern. Oder man blickt von der doppelbettgroßen Liege auf dem beinah zimmergroßen Balkon hinaus auf das blaue Meer. Ein farbliches Kontrastprogramm bietet aber auch das ganz in Feuerrot gehaltene Kirmizi-Büffetrestaurant, in dem Frühstück und Abendessen serviert werden.

Fast schon untypisch für diese Region: Das Hillside ist kein All-inclusive-Resort und verzichtet auch gänzlich auf die gängigen Animationsprogramme. Wer will, kann im Gym Power-Yoga-Klassen buchen, im Garten Tennis spielen und Bogenschießen lernen oder nachts unter dem Sternenhimmel das Open-Air-Kino genießen. Wer das alles nicht will, wird aber genauso selbstverständlich dem gepflegten Müßiggang überlassen. Ein Service, der so weit geht, dass man sich noch nicht einmal von der Pool-Liege erheben muss, um an der Bar einen Drink zu bestellen. Ein Druck auf einen Knopf am Sonnenschirm genügt, und schon kommt ein dienstbarer (selbstverständlich in Weiß gewandeter) Geist angeschwebt, um die Bestellung entgegenzunehmen. Wenn man ihn freundlich bittet, dann deponiert er außerdem auch noch das mit an den Pool gebrachte Mobiltelefon in einer der acht Aufladeboxen und verrät dem Live-DJ, über welchen Song man sich freuen würde. Details wie diese machen – abgesehen vom Ambiente natürlich – den Unterschied zwischen dem Hillside Su und anderen türkischen Beach Hotels aus. Oder um es mit den Worten des britischen Hochglanzmagazins *Marie Claire* zu sagen: »Hanging out at Hillside Su is like being in a huge iPod. Everything is chic, lean and intensly cool.« Und irgendwie auch supersexy …

TÜRKEI

A’jia

ISTANBUL

Die Seine in Paris, die Themse in London, die Donau in Budapest oder der Chao Phraya in Bangkok – einige der schönsten und größten Städte zeichnen sich unter anderem dadurch aus, dass durch ihr Zentrum ein Fluß fließt. Es gibt aber nur eine Metropole auf der Welt, deren Mitte das Meer teilt: Willkommen in Istanbul! Und willkommen am Bosporus, dem Kontinente trennenden Wasserweg – 31 Kilometer lang, 7000 Jahre alt, zwischen 60 und 120 Meter tief und bis zu 3500 Meter breit.

Glaubt man der antiken Sage, dann geht seine Existenz zurück auf Zeus, den geilsten aller griechischen Götter. Die Geschichte in Kürze: Um seine Geliebte Io vor den Eifersuchtsattacken seiner Frau Hera zu beschützen, verwandelt Zeus sie in eine weiße Kuh – was allerdings weder als Liebesbeweis noch als Tarnung sonderlich erfolgreich ist. Denn Hera durchschaut den Zauber und wünscht Io einen ganzen Schwarm Fliegen an den Hals. In ihrer Not flüchtet die Arme vor den Plagegeistern aus der Ägais in Richtung Nordosten. Dort, wo ihre Hufe auf der Flucht vom Mittelmeer zum Schwarzen Meer das Land berühren, tut sich die Erde auf, und Wasser fließt nach. So entstand der Bosporus, was aus dem Griechischen übersetzt so viel wie »Rinderfurt« oder »Ochsenpassage« bedeutet.

In Höhe des heutigen Istanbuler Nobelstadtteils Kanlica, ein paar hundert Meter hinter der mächtigen Fatih-Sultan-Mehmet-Brücke, muss Io damals einen kleinen Haken geschlagen haben. Genau an dieser Stelle befindet sich heute das A'jia.

Am mondänsten und aussichtsreichsten nähert man sich ihm mit dem hoteleigenen Speedboat, das kostenlos zwischen dem europäischen und dem asiatischen Ufer pendelt. Dass dieser strahlend weiße Ottomanen-Palast gerade einmal 16 Zimmer und Suiten beherbergt, lässt sich vom Wasser aus noch nicht erahnen – immerhin erstreckt sich allein die mächtige Bosporus-Terrasse über zwei Etagen und geschätzte hundert Meter. Wie wunderbar verschwenderisch man mit all dem Platz umging, wird jedoch schnell klar, wenn man die Lobby der Designerherberge betreten hat: nichts als glänzender Marmor, moderne Kunst und eine mächtige Treppe. Wer sie hinaufschreitet, erreicht das erste von zwei Wohngeschossen. Neben der knapp 50 Quadratmeter großen Pascha-Suite, von derem hölzernen Balkon aus man ohne Weiteres große Bootsparaden abnehmen könnte, sind hier auch noch zwei weitere Suiten untergebracht. Eine bietet den Blick auf den Bosporus von der Badewanne aus, die andere vom Bett. Noch viel besser gefallen uns allerdings die etwas günstigeren Deluxe-Rooms unter dem Dach. Sie verfügen über große, windgeschützte Terrassen, auf denen es sich mitten in der Stadt ungestört frühstücken und sonnenbaden lässt. Außerdem kann man von dort oben wunderbar auf all die vorbeiziehenden Ausflugsboote, Fährschiffe und Riesenfrachter hinabblicken. Besonders Letztere kommen dem A'jia aufgrund der bereits erwähnten Kurve im Bosporus so nah, dass der Eindruck entsteht, ihr Bug würde sich jeden Moment in die Brüstung bohren.

172, 173

Seit das A'jia 2009 als »Most Excellent Charming Hotel in Europe« mit dem Condé-Nast-Johannsen-Award ausgezeichnet wurde, kreuzen vor seinem Bootsanleger auch immer mehr heimische Yachten auf. An einem ganz normalen Wochenende können das schon mal bis zu 20 millionenteure Luxuskreuzer sein. Am Muttertag 2009 gingen sogar doppelt so viele vor dem Hotel vor Anker – und diese Ansammlung sorgte dann nicht nur für jede Menge Staunen auf beiden Uferseiten, sondern auch für einen ziemlichen Stau auf dem Wasser …

Was Istanbuls High Society neben der einmaligen Lage des Hotels vor allem anzieht, ist das kulinarische Angebot im A'jia: Der Sonntags-Brunch auf der Terrasse gilt als der beste der Stadt, und auch das in dunklen Farben und edlen Hölzern gehaltene Hotelrestaurant ist bekannt für seine erstklassige Mittelmeer-Küche. Bemerkenswert ist übrigens auch die große Auswahl an ausgezeichneten Weinen, die hinter Glasscheiben präsentiert wird und eine ganze Wand im Gastraum einnimmt.

Ein traditionsreicher Palast, der in eine trendige Luxusherberge verwandelt wurde, mit Traumblick und Top-Küche – dass man das A'jia während eines Aufenthalts trotzdem ab und zu leichten Herzens verlässt, liegt an Istanbul, der Stadt voller Widersprüche und wunderbarer Impressionen. Wer sie ganz bequem

entdecken möchte, steigt vor dem A'jia ins gemietete Boot und lässt sich vorbei am Beylerbeyi-Palast und der Ortaköy-Moschee zu der kleinen Insel mit dem Leander-Turm schaukeln. Wer Volksnähe sucht, der spaziert vom Hotel aus ein paar hundert Meter die Straße hinunter und vergnügt sich an einem schattigen Bootsanlegeplatz, wo sich Marktstände, Karussels und Kaffeehäuser befinden, während Angler dort am Wasser sitzen und Kinder im Bosporus baden. Oder aber er lässt sich auf die andere Seite übersetzen und flaniert – so wie die Einheimischen – Sonnenblumenkerne knabbernd über die Uferpromenade oder durch den Park des In-Viertels Emirgan. Dass man sich mitten in einer 15-Millionen-Einwohner-Metropole befindet, hat man, umgeben von so viel fast schon dörflich anmutender Idylle, schnell vergessen.

Und wenn es im Anschluss doch noch ein bisschen Citylife und Shopping-Vergnügen sein darf, dann erreicht man von hier aus nach ein paar Minuten Taxifahrt die riesige, in Form eines Amphitheaters angelegte Istinye-Park-Shopping-Mall mit Flagship-Stores sämtlicher Luxuslabels dieser Welt. Gut, dass es die zu Ios Zeiten noch nicht gab. Ganz sicher wäre sie nämlich dort stehen geblieben, und mit dem Bosporus wäre schon nach ein paar Kilometern Schluss gewesen. So rannte die Gehörnte jedoch weiter bis ins heutige Ägypten. Etwas südlich von der Stelle, an der Zeus ihr endlich wieder die Menschengestalt zurückgeben konnte, liegt heute Kairo – übrigens eine weitere schöne und große Stadt, die sich dadurch auszeichnet, dass durch ihr Zentrum ein Fluß fließt …

Tuvana

ANTALYA

Zugegeben: In diesem Buch gleich zwei Hotels in einer Stadt vorzustellen, das klingt zunächst einmal ein bisschen unmotiviert und darüber hinaus auch schlecht recherchiert. Erst recht, wenn sich beide Hotels in einer Touristenhochburg wie Antalya befinden. Warum wir es trotzdem tun? Weil unsere beiden Häuser an der türkischen Riviera nicht nur ein paar Kilometer Küstenstraße, sondern Welten trennen: Ganz im Südwesten der Stadt befindet sich also das bereits beschriebene Hillside Su (ab S. 164) – hypermodern, bis ins kleinste Detail durchgestylt und auf internationalem Niveau, was auch zu einer gewissen, durchaus positiv gemeinten Beliebigkeit führt. Ob so eine Designerherberge nun in Miami, Barcelona oder eben hier steht, macht eigentlich keinen Unterschied. Direkt im Zentrum hingegen liegt das Tuvana – mehr als 300 Jahre alt, damals im osmanischen Stil erbaut und noch immer eng mit der Geschichte Antalyas verbunden. Früher wurden in dem imposanten Adelspalast ausländische Staatsgäste, Botschafter und wichtige Handlungsreisende beherbergt. Heute darf hier jeder die sagenhafte orientalische Gastfreundschaft und die verbliebene Noblesse genießen. Letztere wird vor allem in den insgesamt 46 Zimmern und Suiten spürbar, die sich auf das Haupthaus und drei kleinere Nebengebäude verteilen. Dunkle, auf Hochglanz polierte Holzböden, sorgfältig ausgesuchte Antiquitäten und Ölgemälde sowie schwere Seidenvorhänge vor altmodischen Spitzengardinen und holzverzierten Erkern verbreiten im Tuvana jenes Gefühl von Gediegenheit und Luxus, das man so nur noch in

Hotels erlebt, die sich weder Zeitgeist noch Sparzwängen unterwerfen. Doch egal, wie herrschaftlich man sich in seinem kleinen, dem Zeitlauf entrückt scheinenden Reich auch fühlen mag – der Lieblingsplatz der meisten Gäste ist weder dort noch auf der luftigen Veranda mit Blick auf die umliegenden Dächer und Palmen. Und auch im lustergeschmückten Patio, der selbst in den Wintermonaten als wind- und wettergeschütztes Freiluft-Frühstücksrestaurant genutzt wird, sind nach der letzten Tasse starken türkischen Kaffees nur noch die wenigsten anzutreffen. Zum Müßiggang und Die-Seele-Baumeln-Lassen trifft man sich stattdessen im kleinen Innenhof gleich hinter der Rezeption. Tagsüber erfrischt man sich dort in einem gerade einmal drei Schwimmlängen kurzen Pool oder bei süßem Pfefferminztee unter schattigen

Bäumen. Abends serviert das Tuvana-Team zwei Jasminhecken weiter im Schein unzähliger Lampions und Fackeln vorzügliches heimisches Essen. Was sich vor den hohen Hofmauern abspielt, könnte man umgeben von so viel Idylle beinah vergessen. Doch das wäre schade, denn immerhin befindet man sich mitten in Kaleici, Antalyas ältestem Bezirk, über dessen Lage der weitgereiste Kapitän Beaufort (ja, genau der, nach dem später die Windstärken-Skala benannt wurde!) im Jahre 1812 schrieb: »Eine noch schönere Stelle für eine Stadt dürfte auf der Welt nur schwer zu finden sein.«
Übersetzt bedeutet Kaleici so viel wie »innerhalb der Festung«. Bis heute sind die Grundmauern dieser mächtigen Wehranlage aus längst vergangenen Tagen an vielen Stellen erhalten geblieben. Und bis heute beschützen sie das »Innerhalb« vor dem »Außerhalb«. Mag vor dem Hadrianstor, das den größten und eindrucksvollsten Eingang zur Altstadt markiert, ruhig Hektik herrschen, der Verkehr kollabieren und Antalya so sein, wie man es von einer modernen Millionenmetropole erwartet. Dahinter ist die Stadt jedoch ein Dorf geblieben mit versteckten Zitrusgärten, uralten Moscheen, holzbefeuerten Hammams und einem labyrinthartigen Gassengewirr. Sich hier zu verlaufen – und das tut man während seines Aufenthalts mit nahezu hundertprozentiger Sicherheit – ist keine Qual, sondern Quell reinster Freude. Und wenn einem das lustvolle Umherirren mal zu lang wird, dann läuft man einfach so lange bergab, bis man irgendwann unten im Hafen ankommt, dem einzigen wirklich verlässlichen Orientierungspunkt. Vom Tuvana dauert der

direkte Weg hinunter keine fünf Minuten. Beinah ebenso weit ist es zu einem privaten Beach Club, mit Mini-Sandstrand und Felsterrassen, von denen man den Luxusyachten und Ausflugsbooten beim Ein- und Auslaufen zuschauen kann. Obwohl man sich hier mitten in der Stadt befindet, ist das Wasser glasklar und zumeist sauberer als ein paar Kilometer weiter an den Stränden der großen Hotels, was sicherlich auch daran liegt, dass sich in Kaleici die Urlauberzahlen noch im überschaubaren Rahmen halten. Seit ein paar Jahren werden zwar immer mehr alte Häuser renoviert und entweder an wohlhabende Ausländer verkauft oder als kleine Boutique-Hotels geführt – doch von Massentourismus kann, Allah sei Dank, keine Rede sein. Vor allem an heißen Sommertagen bleibt man »innerhalb der Festung« fast unter sich – und das, obwohl es aufgrund der dicht an dicht stehenden Häuser mit ihren vorstehenden Obergeschossen und der vom Hafen heraufwehenden Brise in den Gassen angenehm schattig und erstaunlich kühl zugeht.

»Kaleici ist eben kein Ort für die Massen, sondern nur etwas für Individualisten, die sich auf das Abenteuer Altstadt einlassen möchten«, erklärt uns Nermin Sümer, die quirlige Managerin des Tuvana, die ein paar Blocks vom Hotel entfernt geboren wurde und ihrem Viertel bis heute treu geblieben ist. »Wer zu uns kommt – und das tun einige schon zum 40. Mal seit der Eröffnung im Jahr 1989 –, sucht nicht nur ›Sea & Sun‹, sondern auch Kultur und einen Einblick in unseren Alltag.« Und weil dem so ist und die meisten Tourenanbieter in der Region das eine nur sehr oberflächlich und das andere gar nicht anbieten können, packt Nermin ihre Gäste ab und zu auch mal in ihren Privatwagen, um ihnen die Dörfer im Umland zu zeigen oder um sie davon zu überzeugen, dass man keine zwei Stunden vom Strand entfernt im nahen Taurusgebirge tatsächlich Skifahren kann. Manchmal stellt sie sich abends sogar selbst an den Herd, um die treuesten »Tuvanarianer« nach den Rezepten ihrer Großmutter zu bekochen. »Hier in Kaleici sind wir eben furchtbar altmodisch. Bis heute gilt für uns das Motto ›mein Haus ist auch dein Haus‹. Selbst wenn wir wollten, wir können gar nicht anders als gastfreundlich sein.« So eine Einstellung ist auf jeden Fall ein Kapitel wert, auch wenn es schon das zweite über Antalya ist.

Scarlet Hotel

CORNWALL

Algen im Pool? In den meisten Hotels wäre das ein Skandal. Im Scarlet ist es schlichtweg eine Notwendigkeit. Denn wer mit dem Slogan »Scarlet by name, green by nature« für sein Hotel wirbt, der reinigt seine Schwimmbecken eben nicht mit umweltbelastendem Chlor, sondern mit Brom (Indoor) sowie mit Wassergetier und Pflanzen (Outdoor). Bevor Sie aber jetzt die folgenden Seiten überblättern, weil Sie alles, was »öko« ist, zwar für schön und gut, im Urlaub aber für unbequem und durchaus entbehrlich halten, verraten wir Ihnen vorab das Wichtigste über das Hotel: DAS SCARLET IST NICHT NUR »GRÜN« , SONDERN AUCH GLAMOURÖS UND EIN ECHTER GLÜCKSGRIFF FÜR GOURMETS, DESIGN-FANS, WELLNESS-FREAKS UND FREUNDE FASZINIERENDER KÜSTENLANDSCHAFTEN!

Sind sie noch da? Fein, dann dürfen wir Sie also nach Mawgan Porth in Cornwall einladen. Wie Sie am günstigsten dorthin kommen? Mit Bahn, Bus, Fahrrad oder zu Fuß – wer als Gast nachweisen kann, dass er nicht mit dem eigenen Wagen beziehungsweise einem Privatjet, Helikopter oder Luxusmotorboot angereist ist, sondern mit öffentlichen Verkehrsmitteln oder sogar ganz CO_2-neutral, der bekommt einen Nachlass auf den Zimmerpreis! Kein schlechter Start, auf den Sie allerdings mit allem, nur nicht mit einem Gläschen Orangensaft aus der Minibar anstoßen können. Orangensaft ist im Scarlet nämlich verpönt, weil seine Herstellung viel zu energieintensiv und umweltbelastend ist, und Minibars gibt es auch keine – warum soll man schließlich Dutzende stromfressende Kühlschränke laufen lassen, wenn sie entweder gar nicht oder nur selten genutzt werden?

Bei so viel Konsequenz verschlägt es Ihnen den Atem? Wie schade, denn die Luft im Scarlet ist nämlich extrem sauber und wohltuend. Sie wird direkt vor dem Hotel angesaugt, mit der abgegebenen Restwärme des Hauses auf eine angenehme Temperatur gebracht, in den Räumen verteilt und ständig erneuert.

Im Grunde müssten Sie, der gesunden Seeluft wegen, also gar nicht bei geöffneter Balkontür schlafen – was allerdings auch wieder schade wäre, denn dann entginge Ihnen das wunderbar einschläfernde Rauschen des Meeres.

Schon wieder ein bisschen mit den hohen Öko-Standards im Scarlet versöhnt? Gut, dann freuen wir uns, Ihnen jetzt mitteilen zu können, dass der für den Bau des Hotels verwendete Zement aus recycletem Porzellan besteht, ausschließlich Biostrom aus den Steckdosen fließt, nur sparsame LED-Lampen Licht ins Dunkel bringen, das Warmwasser aus einem Biomasse-Boiler stammt und nach dem Duschen oder Baden noch einmal die Toiletten spült, auf Induktionsherden gekocht wird, die im Vergleich zu Elektro-

öfen 95 Prozent Energie sparen und in den Bädern weder Duschgel noch Shampoo vorhanden ist. Stattdessen gibt es handgemachte Seifen, die nicht chemisch schäumen und die das Haar des Fotografen (der Autor hat keines mehr) so sauber und, wie er sagte, »so gut frisierbar« gemacht haben, dass er die Reststücke tatsächlich in dem extra für diesen Zweck bereitliegenden Baumwollbeutelchen mit nach Hause nahm. So, damit aber nun genug ökologische Details (obwohl wir Ihnen eigentlich gerne noch von der Regenwassersammelanlage und der bienenfreundlichen Gartengestaltung erzählt hätten)!

Gönnen wir uns lieber eine Behandlung im Scarlet-Spa, das eigentlich nur so heißt, weil Rebecca, Emma und Debbie, den drei Schwestern und Besitzerinnen des Hauses, noch kein besserer Name eingefallen ist. Statt Spa-üblicher 08/15-Treatments werden hier außergewöhnliche »Journeys« angeboten, die bis zu vier Stunden dauern und einen ins Paradies katapultieren. Auf dem Weg dorthin macht man in kleinen Massage-Zelten und großen, holzgeheizten Hot-Pots über den Klippen halt, hört seine Therapeutin etwas von der jahrtausendealten Lehre des Ayurveda im Allgemeinen flüstern und erfährt ganz im Speziellen, dass man ein »Feuer-Typ« ist und das gerade aufgetragene kühlende Kräuterserum deshalb als ganz besonders angenehm empfindet. Zuletzt landet man in einem schwarzen, stillen Raum mit weißen, von der Decke hängenden »Bojen«, in denen man ewig und glückselig vor sich hin schaukeln könnte.

Wobei das ewig schade wäre, denn schließlich entginge einem bei all dem Müßiggang die faszinierende Landschaft direkt vor der Hoteltür. Unsere Tipps: Radeln Sie durch das Hinterland, das an Rosamunde-Pilcher-Romane erinnert, nehmen Sie Jasper, den Hotelhund, an die Leine, und wandern Sie mit ihm entlang der schroffen Steilküste über den vom National Trust geschützten Cornish Coastal Path oder buchen Sie im Hotel Ihren persönlichen *lifeguard*, und schwimmen Sie begleitet von ihm und einem Boot ins offene Meer hinaus. Klingt alles zu sportlich? Sie könnten auch malen oder dichten – an der Rezeption lassen sich jederzeit Pinsel, Block und Farben ausleihen, und in der *library* wartet das *guest journal* auf persönliche poetische Ergüsse. Oder aber Sie erkunden in aller Ruhe die kühne Architektur und das gestylte Interior des Hauses, wo ganz und gar nichts an juteharten und schafwollkratzigen Öko-Uncharme erinnert. Im Gegenteil: Die meisten Bezugstoffe stammen vom italienischen Modelabel Missoni, die meisten Möbel aus Designerhand und das meterhohe, modern eingerichtete Restaurant könnte so auch in London stehen – wenn man sich den großartigen Ausblick aufs Meer einmal wegdenkt. Allerdings würde in der britischen Hauptstadt der Fisch wohl kaum so gut schmecken wie hier. Denn was abends im Restaurant des Scarlet auf den Tisch kommt, war morgens idealerweise noch lebendig, hing am Baum oder steckte unter der Erde. Die Maxime von Chefkoch Ben Tunnicliffe, der in seiner Karriere bereits mit einem Michelin-Stern ausgezeichnet wurde, ist ebenso einfach wie sympathisch: Frisch und gut soll

es sein und aus der Region stammen. Oder um es mit Tunnicliffes eigenen Worten zu sagen: »What I want to do is put a big fat juicy smile on our guest's faces and a warm feeling in their bellies.« Schade, dass er dieses »warme Gefühl« nur auf die Bäuche seiner Gäste bezieht; hätte er es auf ihre Herzen und Seelen ausgedehnt, hätte er damit den perfekten Leitspruch für das gesamte Scarlet gefunden!

Adressen und Reiseinformationen

PREISKATEGORIEN
Preis für eine Übernachtung mit Frühstück für zwei Personen im Doppelzimmer:

€ = unter 100 €
€€ = 100 bis 200 €
€€€ = 200 bis 300 €
€€€+ = über 300 €

FRANKREICH

3,14

5, rue François Einesy
F-06400 Cannes
Tel. 00 33/4/92 99 72 00
www.3-14hotel.com
info@3-14hotel.com

Preiskategorie: €€ – €€€+
Restaurant, Lounge und Bars im 3,14 sind öffentlich zugänglich. Eine weitere Besonderheit: Alles im Haus, also egal ob Bett oder Besteck, ist käuflich.

Hôtel des Ormes

Promenade Barbey-d'Aurevilly
F-Barneville-Carteret
Tel. 00 33/2 33/52 23 50
www.hoteldesormes.com
hoteldesormes@wanadoo.fr

Preiskategorie: € – €€
Das Gourmet-Restaurant Le Rivage steht auch Nicht-Hotelgästen offen. Vorherige Reservierung unbedingt erforderlich! Bei Küchenchef Anthony Riche kann man Hummerkochkurse buchen. Preis: zwischen 350,– und 390,– € für zwei Personen. Außerdem gehört der Besitzerfamilie de Mello auch noch das 31 Zimmer zählende Hôtel des Isles (www.hoteldesisles.com) auf der anderen Seite des Hafens.

Hôtel Pastis

61, Avenue du Général Leclerc
F-83990 St. Tropez
Tel. 00 33/4 98/12 56 50
www.pastis-st-tropez.com
reception@pastis-st-tropez.com

Preiskategorie: €€ – €€€+
Das Pastis steht nur Hotelgästen offen.

Normandy Barrière

38, Rue Jean Mermoz
F-14804 Deauville
Tel. 00 33/2 31/98 66 22
www.lucienbarriere.com
normandy@lucienbarriere.com

Preiskategorie: €€ – €€€+
Die Bar und das Restaurant des Normandy Barrière gelten als die Hotspots in Deauville. Während der Filmfestspiele und Rennwochen klettern die Preise in beinahe astronomische Höhen. Deshalb besser außerhalb der Saison kommen.

SCHWEDEN

J

Ellensviksvägen 1, Box 1220
S-13128 Nacka Strand
Tel. 00 46/8/6 01 30 00
www.hotelj.com
nackastrand@hotelj.com

Preiskategorie: €€ – €€€
Der *living room* und der Garten des J stehen nur Hotelgästen zur Verfügung. Darüber hinaus gibt es das bei den Stockholmern sehr beliebte Restaurant J unten im Yachthafen. Das J verfügt über keinen eigenen Wellnessbereich, kooperiert aber mit einem sehr guten Day-Spa in der näheren Umgebung. Nacka Strand ist öffentlich gut erreichbar.

Djupvik Hotel

Eksta Bopparve 233
S-62354 Klintehamn, Gotland
Tel. 00 46/4 98/24 42 72
www.djupvikhotel.com
info@djupvikhotel.com

Preiskategorie: €€
Das Restaurant des Djupvik steht auch Nicht-Hotelgästen offen. Reservierung unbedingt erforderlich! Das Hotel hat ganzjährig geöffnet, in der von uns beschriebenen Nachsaison nur am Wochenende. Weitere Einschränkung: Wellness-Behandlungen sind nur bis Ende August möglich.

SPANIEN

Alva Park Resort & Spa

Francesc Layret 3–5
E-17310 Lloret de Mar
Tel. 00 34/9 72/36 85 81
www.alvapark.com
mail@alvapark.com

Preiskategorie: €€€+
Sämtliche Restaurants sowie die Bar und die Lobby stehen ausschließlich Hotelgästen zur Verfügung.

Hotel Claude

Casco Antiguo
Calle San Francisco 5
E-29601 Marbella
Tel. 00 34/9 52/90 08 40
www.hotelclaudemarbella.com
info@hotelclaudemarbella.com

Preiskategorie: €€ – €€€
Das Hotel Claude steht nur Hotelgästen offen.

Aguas de Ibiza

Calle Salvador Camacho 9
E-07840 Santa Eulària des Riu, Ibiza
Tel. 00 34/9 71/13 99 91
www.aguasdeibiza.com oder über
www.designhotels.com
info@aguasdeibiza.com

Preiskategorie: €€ – €€€+
Das Gourmet-Restaurant La Sal steht auch Nicht-Hotelgästen offen.
Über einen der großen Reiseveranstalter gebucht, kann der Aufenthalt vor allem in der Vor- und Nachsaison wesentlich günstiger sein.

Portixol

Calle Sirena 27
E-07006 Palma de Mallorca
Tel. 00 43/9 71/27 18 00
www.portixol.com
hotel@portixol.com

Preiskategorie: €€ – €€€+
Die Bar und das Restaurant des Portixol stehen auch Nicht-Hotelgästen offen und sind bei Einheimischen sehr beliebt. Neben dem Haupthaus gibt es auch noch das gerade einmal zehn Meter entfernte Port House mit zweigeschossigen Duplex-Suiten. Highlight hier: der eigene Jacuzzi auf der Dachterrasse.

Palm Beach

Avenida del Oasis s./n.
E-35100 Maspalomas, Gran Canaria
Tel. 00 34/9 28/72 10 32
www.hotel-palm-beach.com oder
info@hotel-palm-beach.com

Preiskategorie: €€ – €€€+
Alle drei Hotelrestaurants stehen auch Nicht-Hotelgästen offen. Das Gourmet-Restaurant Orangerie ist allerdings nur in der Hauptsaison von Oktober bis April geöffnet. Tipp: Das Palm Beach bucht man am günstigsten pauschal über einen der großen Reiseveranstalter.

DEUTSCHLAND

Grand Hotel Heiligendamm

Prof.-Dr.-Vogel-Str. 16–19
D-18209 Bad Doberan – Heiligendamm
Tel. 00 49/3 82 03/74 00
www.grandhotel-heiligendamm.de
info@grandhotel-heiligendamm.de

Preiskategorie: €€€ – €€€+
Das Kurhaus Restaurant, das italienische Spezialitäten-Restaurant Medini's, die Nelson Bar sowie die Baltic Sushi Bar und die Davidoff Lounge stehen auch Nicht-Hotelgästen offen. Ebenfalls öffentlich: das Gourmet-Restaurant Friedrich Franz (Chefkoch Ronny Siewert, ein Michelin-Stern).

Cerês am Meer

Strandpromenade 24
D-18609 Binz, Rügen
Tel. 00 49/3 83 93/6 66 70
www.ceres-hotel.de oder
www.designhotels.com
info@ceres-hotel.de

Preiskategorie: € – €€€+
Das Restaurant Negro steht auch Nicht-Hotelgästen offen. Tipp:
Das Cerês am Meer bietet jede Menge interessante Arrangements zu Sonderpreisen, zum Beispiel ein Helikopterflug über die berühmten Kreidefelsen.

Seesteg

Damenpfad 36a
D-26548 Norderney
Tel. 00 49/49 32/89 36 00
www.seesteg-norderney.de
empfang@seesteg-norderney.de

Preiskategorie: €€ – €€€
Das Hotelrestaurant steht auch Nicht-Hotelgästen offen. Auch für den Spa-Bereich gibt es Packages für externe Gäste.

Long Island House Sylt

Eidumweg 13
D-25980 Westerland, Sylt
Tel. 00 49/46 51/9 95 95 50
www.sylthotel.de
info@sylthotel.de

Preiskategorie: € – €€€
Das Long Island House Sylt steht nur Hausgästen offen.

ESTLAND

Pädaste Manor

EST-94716 Pädaste, Muhu
Tel. 00 372/45/4 88 00
www.padaste.ee
info@padaste.ee

Preiskategorie: €€ – €€€+
Wer im Sommer mit dem PKW anreist, sollte rechtzeitig über das Hotel die Fährtickets reservieren lassen. Oder man macht es wie die dänische Königin und landet direkt auf dem Hotel-Heliport am Rande des Parks.
Ein Besuch im Winter mit Pferdeschlittenfahrten, Schneeschuhwanderungen und Kaminabenden ist ebenfalls absolut empfehlenswert!

GRIECHENLAND

Ekies all senses resort

GR-63078 Vourvourou, Chalkidiki
Tel. 00 30/23 75 09 10 00
Im Winter: 00 30/23 10 96 87 78
www.ekies.gr
info@ekies.gr

Preiskategorie: € – €€
In den beiden Restaurants des Hauses können auch Nicht-Hotelgäste nach vorheriger Reservierung speisen. Alle anderen Einrichtungen des Ekies stehen nur Hotelgästen zur Verfügung. Extratipp: unbedingt im Hotel das traditionelle Holzboot reservieren und sich zur Halbinsel Athos schippern lassen!

PORTUGAL

Memmo Baleeira

PT-8650-357 Sagres, Algarve
Tel. 00 351/2 82/62 42 12
www.memmohotels.com
hotel@memmobaleeira.com

Preiskategorie: € – €€€
Sämtliche Einrichtungen des Memmo Baleeira mit Ausnahme des Surfshops stehen nur Hotelgästen zur Verfügung.

The Vine

Rua dos Aranhas 27-A
PT-9000-044 Funchal, Madeira
Tel. 00 351/2 91/0 09 00 00
www.hotelthevine.com oder über
www.designhotels.com
info@hotelthevine.com

Preiskategorie: €€ – €€€+
Das Gourmet-Restaurant UVA, die Dachterrassen-Bar 360°, das Lobby-Restaurant terra lounge und das Spa stehen auch Nicht-Hotelgästen offen.

ITALIEN

J. K. Place

Via Prov. Marina Grande, 225
I-80073 Capri
Tel. 00 39/0 81/8 38 40 01
www.jkcapri.com
info@jkcapri.com

Preiskategorie: €€€+
Im Hotelrestaurant JKitchen werden, nach vorheriger Reservierung, auch Nicht-Hotelgäste bedient. Alle anderen Einrichtungen sind den Zimmer- und Suitenbewohnern vorbehalten.

Hotel Raya

Via S. Pietro
I-98050 Panarea
Tel. 00 39/0 90/98 30 13
www.hotelraya.it
info@hotelraya.it

Preiskategorie: €€ – €€€
Für Besucher mit Gehbehinderungen und Familien mit kleinen Kindern ist das Raya nur eingeschränkt zu empfehlen.
Zu den drei Häusern: im Raya Peppe Maria können auch Nicht-Hotelgäste einen Drink nehmen oder essen. Das Raya Alto steht nur Hotelgästen offen. Im Raya Basso, mitten im Ortszentrum, befinden sich sechs weitere Zimmer sowie zwei sehenswerte Boutiquen von Myriam Beltrami.
In der Vor- und Nachsaison gibt es lediglich die zwei- bis dreimal wöchentliche Fährverbindung ab Neapel. Während der Sommermonate legen auch Tragflügelboote aus Palermo, Reggio Calabria, Messina und Millazo an (Infos: www.tirenia.it, www.snav.it).

Ca' Pisani

Dorsoduro 979/a
I-30123 Venedig
Tel. 00 39/0 41/2 40 14 11
www.casapisanihotel.it oder
www.designhotels.com
info@capisanihotel.it

Preiskategorie: €€ – €€€
Das Restaurant La Rivista können auch Nicht-Hotelgäste besuchen. Tipp: Das

Ca' Pisani bietet interessante Specials für Hochzeitsreisende oder für Gäste, die ihren Venedig-Aufenthalt mit ein paar Tagen im Südtiroler Vigilius Resort verbinden möchten.

Ca' P'a

Via Rezzola, Località Torre Grado
I-84010 Praiano
Tel. 00 39/0 89/87 40 78 oder
00 39/3 34/1 00 03 48
www.casaprivata.it
info@casaprivata.it

Preiskategorie: €€ – €€€
Der Weg ins Ca' P'a ist schwer zu finden – und steil: 150 Stufen führen vom Haus hinauf ins Dorf, 180 Stufen durch den Garten hinunter zu den privaten Klippen mit direktem Zugang zum Wasser. Größere Gruppen oder Familien können das Ca' P'a auch als Ganzes mieten. Auf Wunsch kann man einen privaten Koch engagieren. Am stilvollsten und schnellsten reist man mit dem Wassertaxi an, das direkt unterhalb des Hauses anlegt.

KROATIEN

Adriana

Fabrika bb
HR-21450 Hvar
Tel. 00 3 85/21/75 02 00
www.suncanihvar.com
reservation@suncanihvar.com

Preiskategorie: €€ – €€€+
Das Hotelrestaurant sowie die Bar auf dem Dach und der Beach Club stehen auch Nicht-Hotelgästen offen.
Das Adriana verfügt über eine sehr luxuriöse Motor- und Segelyachtflotte für Tagesausflüge oder mehrtägige Törns samt Besatzung.

SLOWENIEN

Kempinski Palace Portoroz

Obala 45
SI-320 Portoroz
Tel. 00 3 86/5/6 92 70 00
www.kempinski-portoroz.com
reservations.portoroz@kempinski.com

Preiskategorie: €€€ – €€€+
Die Hotelrestaurants Sophia und Fleur de Sel sowie die Bars stehen auch Nicht-Hotelgästen offen.

TÜRKEI

Hillside Su

Konyaaltı
TR-07050 Antalya
Tel. 00 90/2 42/2 49 07 00
www.hillsidesu.com
su@hillside.com.tr

Preiskategorie: € – €€€+
Es empfiehlt sich, einen Aufenthalt im Hillside Su pauschal über einen der großen Reiseveranstalter zu buchen. Auch über die Homepage www.designhotels.com werden interessante Specials angeboten.

A'jia

Ahmet Rasim Pasa Yalisi
Cubuklu Cad. No. 27
TR-34812 Istanbul
Tel. 00 90/2 16/4 13 93 00
www.ajiahotel.com
info@ajiahotel.com

Preiskategorie: €€€ – €€€+
Das A'jia-Restaurant steht auch Nicht-Hotelgästen offen. Sehr empfehlenswert ist der erwähnte Sonntags-Brunch auf der Terrasse mit Traumblick. Voherige Reservierung ist ein *must*! Tipp zur Anreise: Die Lage auf der asiatischen Seite der Stadt ist ideal für Gäste, die auf dem zumeist von Billig-Airlines angeflogenen Sabiha Gökçen Airport landen.

Tuvana

Tuzcular Mah. Karanlyk Sok. No: 18
TR-Kaleici, Antalya
Tel. 00 90/2 42/2 47 60 15
www.tuvanahotel.com
info@tuvanahotel.com

Preiskategorie: € – €€
Das Tuvana Hotel verfügt seit Sommer 2009 über ein stilvolles Gourmet-Restaurant, das auch Nicht-Hotelgästen offen steht (Reservierung unbedingt erforderlich). Alle anderen Bereiche können nur von den Hausgästen genutzt werden.

ENGLAND

Scarlet Hotel

Tredragon Road
UK-TR8 4DQ Mawgan Porth, Cornwall
Tel. 00 44/16 37/86 18 00
www.scarlethotel.co.uk
stay@scarlethotel.co.uk

Preiskategorie: €€ – €€€
Das Restaurant und der Spa-Bereich des Hotels stehen auch Nicht-Hotelgästen nach vorheriger Reservierung offen. Achtung: Kinder und Jugendliche unter 16 Jahren sind im »Adults-only«-Hotel nicht erwünscht.

Unser Dank gilt den folgenden Personen und Unternehmen:

Alexandra Heindl (www.dienachbarin.at) für die hervorragende Postproduktion und Johanna Trischberger fürs Lektorat, Christel Sarry von Atout France in Wien (*merci de nous avoir aidé et nous vous promettons d'ameliorer notre français*), Milene Platzer von Flyniki und Sabine Köpke von Lauda Air (*thanks for lifting us up*). Ein ganz besonderes Dankeschön geht an unsere Familien und Freunde, für die wir aufgrund der vielen Reisen schon wieder so wenig Zeit hatten – beim nächsten Mal nehmen wir euch einfach mit!

Bibliografische Information der Deutschen Nationalbibliothek
Die Deutsche Nationalbibliothek verzeichnet diese Publikation in der Deutschen Nationalbibliografie; detaillierte bibliografische Daten sind im Internet über http://dnb.d-nb.de abrufbar.

Deutsche Originalausgabe

Ein Unternehmen der La Martinière Groupe

Gestaltung und Satz: Anett Hentschel
Umschlag: Leonore Höfer
Lithografie: Reproline mediateam, München
Lektorat und Herstellung: Büro Sieveking, München
Druck: Firmengruppe APPL, Aprinta Druck, Wemding
Printed in Germany

ISBN 978-3-86873-137-8

www.knesebeck-verlag.de